地域生活からみたスポーツの可能性
―暮らしとスポーツの社会学―

目次

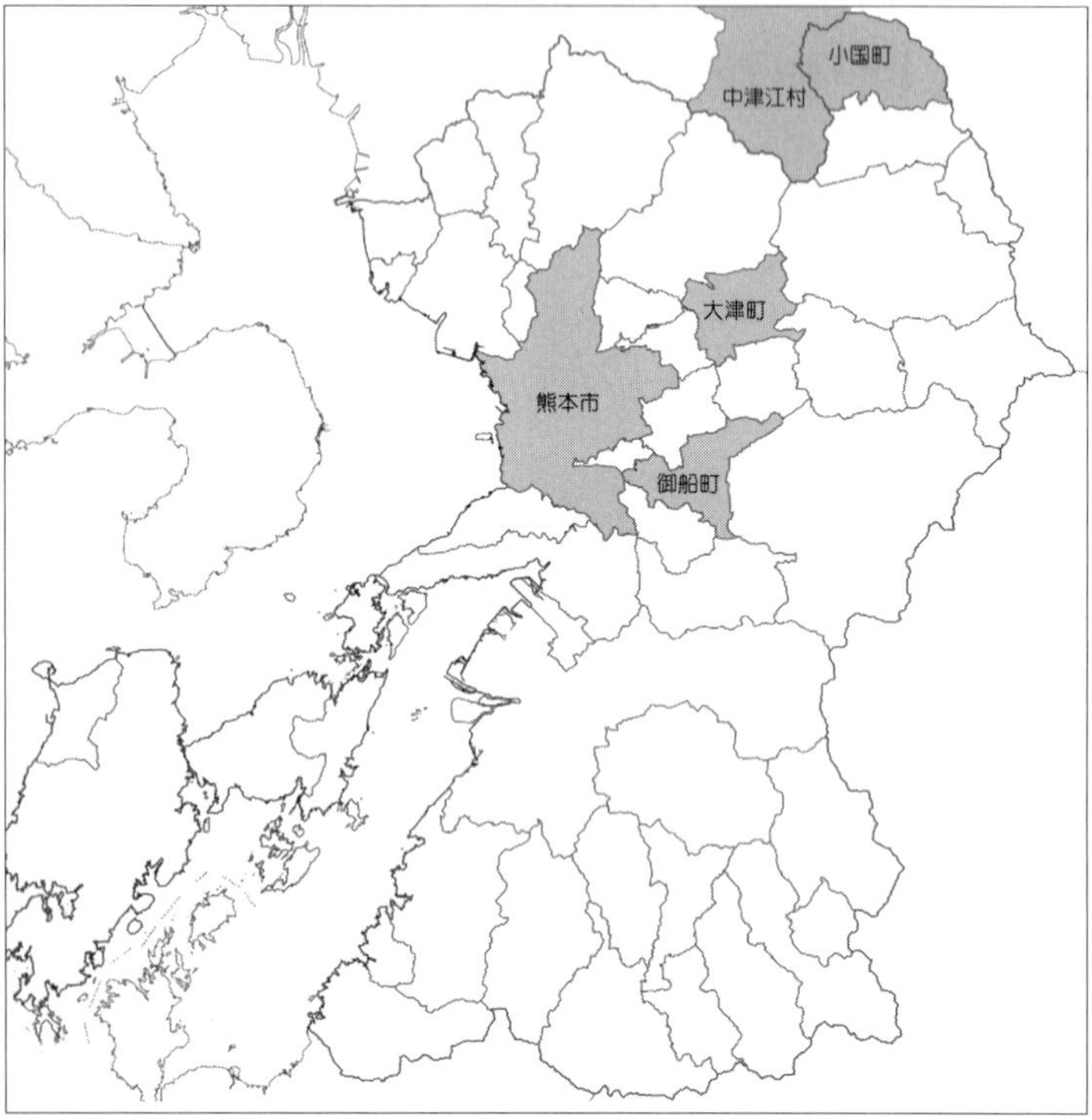

本書でとりあげる事例地（Ａ町は除く）

序章　なぜ、いま、〝生活とスポーツ〟なのか

1　はじめに

日本スポーツ社会学会会報第56号（２０１３）には、22回目の学会大会（福山大学）を迎えるにあたり、「学会の創成期の頃は地域スポーツ研究発表のオンパレードでした。いつの間にか、テーマはスポーツ経営学の方へ行ってしまった感を抱きます」という大会実行委員長の言葉が記されている。たしかに、近年の総合型地域スポーツクラブ（以下、総合型とする）の育成政策とそれに関する研究や２０１１年の「スポーツ基本法」の制定への流れを見る限り、地域スポーツ研究における経営的・政策的な取り組みの重要性はますます高まっているようである。

また、全国規模の調査をまとめた『スポーツライフ・データ２０１２』（笹川スポーツ財団）では「週2回以上、1回30分以上、『ややきつい』以上の条件で運動・スポーツを実施している『アクティブ・スポーツ人口』が、１９９２年の調査開始以来、初めて20％を突破した。『週1回以上』『週2回以上』の実施率もそれぞれ59.1％、49.3％と過去最高を記録し、増加を続けている。わが国成人の積極的な運動・スポーツ実施状況が明らかとなった」と報告されている。

このような現状を踏まえると、我が国における地域スポーツ研究は、その実践的な役割が強調され今後もそれを担い続けていくことが予測される。しかしながら、私たちは地域における人びととの生活とスポーツの関係やその社会的意味について十分に理解してきたのであろうか。スポーツの拡大・拡散という側面に重心を置いてきた地域スポーツ振興政策・研究の裏側で、地域の人びとの生活とスポーツの関係はどのように変化し、変化しなかったのか。本書の基本的な問題関心はここにある。

筆者は、地域スポーツの研究に取り組み始めて約20年間、さまざまな地域の暮らしとスポーツの現場を見続けてきた。そこでは、多様な生活の営みとそれに規定されるスポーツのあり様[1)]と同時に、地域の人びとのスポーツに関わる主体的な取り組みを目の当たりにしてきた。そのたびに、これまでのスポーツの有用性を前提とした振興論的な地域スポーツ研究に対して、少なからず違和感を覚えていた。[2)] 研究者をはじめ、行政担当者、スポーツ推進委員、総合型の関係者などの地域スポーツに関わる多くの人たちが、生活やスポーツの多様性や矛盾に気づきながらもそれを声にすることは少ないように思う。それはスポーツの持つ象徴的な力の前では仕方のないことかもしれない。しかし、このような地域スポーツ研究で熱心に語られる言説と現実の乖離[3)]に対する筆者自身の「実践感覚」(Bourdieu, 1980) こそが、この本を手掛ける動因となっているということをまずは述べておきたい。

本書では、言わばモザイク的に事例調査を並べている。それは、より実態に即した形で地域の生活とスポーツの関係を理解してもらいたいという願いからである。これらの事例から直ちに普遍的な〝新しい地域スポーツ論〟が生成されるわけではない。そこに在るのは、地域の生活とスポーツが相互に依存し合うリアリティと、そこに見出されるであろうスポーツの可能性と限界である。

2　生活に着目するということ

東日本大震災からおよそ3ヶ月後、スポーツ振興法以来の国家的取り組みとして位置付けられる「スポーツ基本法」（2011年6月24日公布）が成立した。

本法律については、スポーツ関係者・愛好者からはいくつかの批判が寄せられたものの[4)]、概ね好意的あるいは期待感のある受け止め方が一般的であった。しかし、一般市民の目線で言えば、ほとんどが無関心であったと言っても過言ではない。このようなスポーツ振興に対する国民の反応とスポーツ関係者・愛好者のそれとの乖離について、私たちは留意しなければならないであろう。また、本法律では、総合型に対して、トップ・スポーツと大衆スポーツの連携・協働の場として重要な役割が与えられている。これは従来からのピラミッド型[5)]による振興の捉え方と何ら変わるものではなく、そこには、果てしない成長を追い求める近代的・発展論的な姿勢を見て取ることができる。さらに「新しい公共」の担い手としての理念的な期待もあり[6]、すでに後戻りすることのできない育成政策の拡大に、ますます拍車がかけられていくことは容易に予測される[7]。

スポーツは産業資本主義的原理を中軸とする近代化過程において重要な位置を獲得し、時には現代社会を表象するものとして取り扱われてきた。まさに、現代社会のスポーツは、経済・企業原理が優先する近代化社会と歩調を合わせ拡大・発展してきたのであり、今なお、その道を歩み続けようとしているのである。

その一方で、社会学者の見田宗介は、東日本大震災後の社会の在り方について問われ、成長が無限に起らないと困るという経済、社会構造、そして精神構造からの方向転換の必要性を説いている[8]。また、広井は、現在を「定常化の時代」と位置づけ、「有限性」と「多様性」を要素とする新たな価値原理が求められているとする（広井、2009：271-272）。矢作も、都市政策の立場から国内外の都市計画を取り上げ、『量的な拡大競争主義にサヨナラしなければならない』という社会的な合意が形成されつつある」（矢作、2009：9）と指摘している。このような主張に鑑みるならば、私たち自らが、生活のあり方そのものを問い直さなければならない時代に生きているということであろう。そしてそれは、果てしない成長を求めてきた社会と同調するように発展してきたスポーツと生活の関係性についても問い直されなければならないということである。「有限性」（広井、2009）や「縮小都市の時代」（矢作、2009）と表現されるような地域での生活のあり方とスポーツはどのような関係性を切り結んでいくことが可能なのであろうか、本書ではさまざまな事例を通してこの問いに接近してみたいと思う。

ところで、生活とスポーツの分析に関して、都市社会学者の鈴木広は、「それだけ（スポーツ：筆者）を独立の行動状況として、他の諸生活行動から切り離して把握する近視眼的な危険性にある」（鈴木、1986：460）とその問題性を指摘している。また、広田らも同様に「スポーツを歴史的・社会的に意味づけられた活動として見たときに、他の諸活動との間で選択される活動の一つとして考察していく視点を持つことが必要ではないだろうか」（広田ら、2011：17）と指摘している。

本書では、このような指摘を十分に踏まえ、スポーツのみを独立した行動として捉えるのではなく、人びとの暮らしのさまざまな生活行動の中にスポーツを位置付けつつ分析することを心がけている。言い換えれば、スポーツする主体を、従来のスポーツ研究で一般的であった「運動者」あるいは「スポーツ選手」として捉えるのではなく、「生活者」として捉えるということである。

このような「生活者」という視点については、特に新しいものでもなく、松村らによって30年以上も前から主張されてきた認識的立場でもある。[9] 松村（1993）は、これまでの地域スポーツ研究を総括し、１９６０年代後半から増加した「地域とスポーツ」の研究は、社会体育の社会的必要性を機能論的に展開するものであり、これからは、個人が日々暮らし生きている地域社会のもつ規定力や、それに伴う生活の構造的変化までを射程にいれることが重要であると主張してきた。松村と同様の流れをくむ前田によると、「生活者」として分析するということは、「生活条件の変化とその内部における相互作用によって常に変化するダイナミズムの中にスポーツを位置づけて分析する」（前田、2010：24-25）ということである。そうすることによって、スポーツを内包する広範な社会に対して、スポーツの界における「文化」がいかなる影響を与えているかに気付くことができる。「運動者」や「スポーツ選手」として捉えた場合、そこで描き出される社会関係はスポーツの界の内側に留まる傾向が強く、その社会関係を維持する「文化」もスポーツの界に閉じたままになるというのである。本書も、このような「生活者」という立場から地域のスポーツについて考えてみることとしたい。

3　生活を分析するということ

では、人びとの暮らしとスポーツを「生活者」という視点から分析するという場合にどのような方法論をとることが可能であろうか。本書では、前半の事例分析（第1章、第2章、第3章、第4章の一部）において、都市社会学で展開されてきた「生活構造分析」を取り入れている。鈴木（1986）が言うように、ハレ感覚と不可分に成立してきたスポーツは都市志向性と不可分である。そして、都市的生活様式の浸透とともに人びとの生活における「私化の拡張」はますます進展している。このことを踏まえ、まずは個人の生活を分析単位とする「生活構造分析」を用いて、生活とスポーツの関係を検討することとした。

ところで、一般的に生活という言葉には、主に労働や消費生活を指す場合と労働生活を含む地域社会における生活そのものを指す場合がある（鈴木、1986：217）。言うまでもなく、本書では後者の意味で捉えている。

また、これまで社会学では、生活の中身いわゆる構造を把握しようとする場合に、階級分析を志向する社会政策理論の立場、集団参与の総体として捉える地域社会学の立場、さらに多様な生活に共通するあらゆる要素を抽出しそれら要素の相互関連を総合的に把握する総合生活学的な立場の3つがあった（鈴木、1986：175）。直接的には労働や消費生活に含まれないスポーツを、生活者の暮らし全体の中で把握する本書の試みは、総合生活学的な立場からのアプローチに位置付けられる。この立場の論者としては、鈴木や松原が挙げられる。松原（1971）は、生活を生産活動・余暇活動・消費活動の機能的側面と時間・空間・手段・金銭・役割・規範の構造的側面に分けて分析している。これに対して鈴木は、地域社会学的、特に都市社会学的アプローチをとる倉沢（1968）の概念を拡充し、自らの生活構造論を提唱している。彼は、松原の生活概念を包括的な生活概念であるとして、生活の主要であると思われる「生活目標」（生活のめあて、生活態度）の要素が欠けていると主張する。その論点は、生活主体を労働者ではなく、生活者として捉えること、そして生活者は意識的であれ、無意識的であれ、何らかの生活目標を志向しているということである。本書では、鈴木の主張に倣い、生活構造を「その時代の社会構造（組織的ないし個別的な他者）に関わる生活行動と文化体系に対する生活態度（生活規範と生活意欲）のパターン」（鈴木、1986：177）と定義し、人びとのスポーツを、彼らの暮らす社会及び文化構造の規定力との相互関係の中で捉えることを目指している。

具体的な分析に際し、以下のような軸を設定している。生活主体と社会構造との接触場面を分析する際に、まず一方に、社会政策学的アプローチに対応する形で、階層区分の基準（上層―下層）をとり、生活主体を垂直的に分類する。他方、地域社会学的アプローチに対応する形で、「土着型」と「流動型」という類型化を設定する。さらに、生活主体と文化体系との接触の諸様態について、一方に時代の支配的な「文化」標準に同調か、非同調かという軸を設定する。他方では生活目標の焦点を私生活場面に自閉して生活の「私化」を志向するか、逆に私生活を社会化していく方向に目標の焦点を設定し、主体自身の「公共化」を志向するかという軸を設定する。本書の前半では、まずはこの鈴木の生活構造の分析軸に依拠し、人びとの生活とスポーツの関係について論じていきたい。

4　生活構造分析から生活論へ、量的調査からモノグラフ法へ

ここまで、人びとの生活とスポーツの関係を分析する際の、認識的立場と分析方法について述べてきた。それは、「生活者」としてのスポーツする主体への着目と都市社会学を中心に蓄積されてきた「生活構造分析」の援用である。

しかし、そこに含まれる課題についても自覚的でなければならないであろう。確かに、「生活構造分析」においては、「生活者」としての主体的側面と社会構造の規定力を相即的に把握することは可能である。だが、「生活者」の実態が〝何となく分かる〟のであるが、決してそこからは個別・具体的なリアリティを掴み取ることができない。その理由は、分析過程で描かれる「生活」があくまでも研究者によって想定されたものであるからであろう。「スポーツ」の把握についても同様である。このことは、個人を分析単位として抜き取り、その総和としての「生活」や「スポーツ」を分析する量的調査が中心とならざるを得ないという方法論的な限界にも関係している。また、「社会構造の規定力」ということに関しても、当該地域の社会構造のさまざまな関係性の中で、人びとの生活がどのように営まれてきたのかという通時的かつ具体的な議論が不足していることも否めない。

本書の後半部分（第4章の一部、第5章、第6章、第7章）は、このような課題を乗り越える

ための作業として位置付けられる。その作業に必要なことは、地域スポーツ研究において松村や前田らが主張してきた「生活者」の捉え方に立ち返り、分析対象（「生活者」）と研究者の関係のあり方に十分に注意を払うことだと考える。つまり、「『主体的な市民』といった原子化された個人ではなく、家族あるいは生活組織、地域社会における社会関係の中で生きる実体的な生活者」（前田、2010：24）にとってのスポーツの意味を、「『地域生活者の日常世界』を基点として」（松村、2006：14）分析するということである。松村は、これを生活環境主義を源流とする生活論的アプローチとして位置付け、「人びとの暮らしに近いところにわれわれ自らを係留する」（松村、2006：14）という調査者の立ち位置を重要視する。後半部分では、そのような松村らのアプローチに習いつつ、「生活」「スポーツ」「地域」をそれぞれ自立したものとして議論するのではなく、当該地域の歴史的・社会的構造と生活者の暮らしを相即的に捉え返し、そこで繰り広げられるスポーツを生活のさまざまな関係性の中に埋め戻しつつ分析することとした。

前述したように、地域社会は「有限性」（広井、2009：272）や「縮小都市の時代」（矢作、2009：18）と表現されるような時代になりつつある。今、求められているのは、果てしない成長を目標とし量的拡大に貢献する地域スポーツ研究ではない。地域社会における日常的な生活の中にどのようにしてスポーツが埋め込まれ、他の生活領域との関係性を築き上げていくのかといった視点からの地域スポーツ研究であろう。

以上のようなことから、本書では前半部分は量的（サンプル）調査を中心とした生活構造分析、後半部分はモノグラフ法を用いた生活論的アプローチという構成をとっている。具体的には、第1章では、熊本県阿蘇郡小国町を事例とし、農山村に暮らす人びとの生活のあり様とスポーツの行い方の関係性について検討している。小国町では、都市部（熊本市）と比較して、集団的にスポーツを行うことが多い。一方で、彼らの生活には都市部と同様に私化・流動化が浸透しているものの、さまざまな地域組織活動を通した集団性・地域性という〝ムラ〟の共同体的生活様式が残存している。このような彼らの生活とスポーツの行い方について議論している。

第2章では、ライフコース研究を手掛かりに、地域住民の生活構造とスポーツ実践の関係について動的な分析を試みている。ライフコース研究の最大の特徴は、生活構造分析に歴史性を導入することによって、それが本来担っていた動的分析力を回復させたことにある。具体的には、戦後日本の生活とスポーツの変動に関わる全体像を俯瞰したうえで、コーホート分析を行い、スポーツ実践に関わる年齢効果、時代効果、コーホート効果について確認している。それを踏まえて、4名の事例をもとに、個人の行為力を含む具体的なライフコースの変容過程とスポーツの関係について明らかにしている。

第3章では、熊本県A町[10]を事例とし、地域で暮らす障害者のスポーツ実践の状況を明らかにする。同時に、ライフヒストリー分析を用いて、彼らのスポーツとの出会いについて記述している。

障害者のスポーツ実践には、階層性や移動性といった彼らの「社会的位置」が影響している。しかし、それだけで彼らがスポーツと結びつくのではなく、スポーツに関する外部の「偶発的な出来事」や「現実的な生活レベルでの人間関係の存在」によって基礎づけられることを明らかにしている。

第4章では、熊本県菊池郡大津町という混住化地域を対象としている。前半部分では生活構造分析を用いて、農村地区、混住化地区、団地地区の生活とスポーツの関係性について比較検討する。さらに、後半部分では、各地区の代表者への聞き取り調査をもとに、それぞれの地区におけるスポーツの社会的意味について検討する。本事例からは、スポーツはどのような地域社会（農村や団地、混住化地域）にも浸透していくこと、そして、スポーツの持つ汎用的な（〝いつでも誰でもどこでも〟という言説に代表されるような）機能が一見地域社会内の関係性構築に有効な手段として捉えられるが、それは自立した個人を前提とするネットワークの構築であり、同好の集団内で止まることも、あるいは地域を超えて広く拡散していくこともあるということが導き出される。

第5章からは生活論的アプローチによるモノグラフ研究となる。第1章で取り上げた小国町を事例に、生活組織とスポーツ活動の関係について検討する。ここでは、農山村に暮らす人びとがそれぞれの地域の事情に合わせて大字や部という地域生活の組織を巧みに利用していること、その際、伝統的な体育行事が重要な社会的・地域的な意味を担っていることを記述している。

続く、第6章では、小国町の隣にある大分県日田市中津江村を事例とする。中津江村は、小国町よりも山深く、金山の閉山、ダム建設等により人口減少が著しい、いわゆる〝どんづまり〟の村である。村には、2002年W杯カメルーンキャンプを機に結成されたサッカーチーム「レリオン中津江」がある。急激な縮小型社会へと向かう中津江村において、「レリオン中津江」が村の青年層の生活にもたらした意味について検討している。

最後に、第7章では熊本県熊本市の少年サッカークラブを事例に、サッカー指導者の生活歴という視点から地域（町）クラブの社会的意味について検討している。決して良い労働状況のなかに置かれていないにも関わらず、彼らは大好きなサッカーと関わり続けている。その生活を支えるものは何なのであろうか、読み解いていく。

以上のように、本書はモザイク的な事例集の体裁をとっている。それらは、華々しいスポーツの話でも、スポーツによる地域活性化の話でもない。どちらかというと、些末で地味なスポーツ実践の様相である。しかし、人びとの生活に近いところでスポーツを議論するという姿勢から見れば、どれも魅力ある事例である。確かに、地域スポーツ研究はスポーツ社会学では傍流となりつつある。そのような中で、本書の一つ一つの事例から紡ぎだされる生活とスポーツの関係のあり方が、これからの地域スポーツ研究に僅かな光でも差し込むことができればと思う。筆者の力量不足もあり、そのことが十分に達成されるとは限らないが、これからの「縮小型社会」におけるスポーツの可能性と限界を多少なりとも示すことができれば幸いである。

注

1）もちろん、スポーツが地域社会のさまざまな局面において影響を与えてきたことを否定するものではない。しかし、スポーツの機能を前提するこれまでの地域スポーツ研究では、あまりにもスポーツの側から地域や生活を論じることが多かったように思われる。それだけでは、現実の生活とスポーツの関係を描くことは不十分である。それぞれの相互規定力に着目する必要があろう。

2）地方の大学の研究者は、立場上、スポーツ振興に関する審議会等の委員を依頼されることが多い。筆者も例外ではなく、そのたびに自分の立ち位置について考えざるを得なかった。本書はそのような自省的意味を込めて執筆している。

3）後藤・森阪（2006）は、そのような理念的な言説と現実が乖離するような状況で、総合型の育成政策がどのように進められていくのかということについて明らかにしている。

4）森川貞夫は「スポーツへの国家の介入の危険性」「スポーツ権の定義の曖昧さ」「スポーツ施設整備の実現性の欠如」、玉木正之は「スポーツの国家戦略の具体性の欠如」「スポーツ庁の必要性」などを指摘している（産経ニュースネット版、2011）。

5）「底辺の量的拡大が自然成長的にトップのレベルを引き上げる」（菊幸一、2005）という従来からのスポーツ振興の考え方。

6）「新しい公共」宣言（２０１１・６・４　第8回「新しい公共」円卓会議資料）によると、「総合型地域スポーツクラブ」は「行政による無償の公共サービスから脱却し、地域住民が出し合う会費や寄附により自主的に運営するＮＰＯ型のコミュニティスポーツクラブが主体となって地域のスポーツ環境を形成する。学校・廃校施設の活用や学校へのクラブ指導者の派遣など、クラブと学校教育が融合したスポーツ・健康・文化にわたる多様な活動を通じて、世代間交流やコミュニティ・スクールへの発展につなげていく」として、新しい公共の担い手として大きな期待が寄せられている。

7）全国ではすでに１２４９市町村３１４４クラブ（２０１１年２月文部科学省実態調査）が設置・創設準備されている。

8）熊本日日新聞（２０１２年1月13日、14日付朝刊）における見田宗介インタビュー記事を参照されたい。

9）松村和則は、農村社会学における〝むら〟をめぐる様々な視角、実証研究を参考に、宮城県遠田群涌谷町洞ケ崎地区の事例分析を試みている（松村、1978）。さらに、その10年後には前田との共同研究で、住民の自主的な地域再編の課題を担って結成されたクラブ洞ケ崎の解散前後に起きたその他の地域再編の様々な活動の生成・展開について、詳細な記述を行っている（松村・前田、1989）。

10）対象者が障害者であること、および、詳細な個人情報を取り扱うことから、本事例地は匿名化することとした。

第1章　農山村の生活構造とスポーツ
―熊本県阿蘇郡小国町を事例に―

本章では、農山村の事例地として熊本県阿蘇郡小国町を取り上げる。まずは、小国町の概要[1)]についで確認しておこう。

1　事例地の概要

小国町は、1889年4月に旧宮原村、上田村、蓬莱村、北里村、下城村、西里村が合併し、北小国村が発足、その後、1935年4月に小国町として町制施行された。地理的には、九州のほぼ中央、熊本県の最北端、阿蘇外輪山の外側にあり筑後川の上流に位置している。東西北部を大分県、南部を熊本県阿蘇郡南小国町と隣接し、東西18㎞南北11㎞、総面積136・72㎢で総面積の74％を山林が占める農山村である。

人口は、1980年に1万813人だったが、1995年には9854人と1万人を割り込み、2013年には7950人と大幅に減少している。減少人口の数は、同じ旧阿蘇郡である阿蘇町や一宮町と同様の水準であるが、総人口がそれらの町より少ない小国町では、より人口減少が進んでいると捉えることができる。人口増減の内訳をみると、１９８９年までは自然動態が若干増加（20～30人）しているが、その後は、死亡数がほぼ横ばいなのに対して、出生数が低下しているため、ほぼ毎年減少している（20～60人）。社会動態においても、１９９１年に２００人の減少をみるなど、毎年減少している。一方、世帯数は、１９８５年に２８６０世帯であったのに対して、２０１３年には３１１０世帯とほぼ毎年増加しており、世帯の極小化が進んでいる。さらに、年齢別人口構成（２０１０年）をみると、15歳未満９６８人（12.3％）、15～64歳４２５０人（54.0％）、65歳以上２６５２人（33.7％）となっており、高齢化が著しい。

産業別就業者数（２００５年）をみると、総就業者数４２１５人、うち第一次産業就業者８０２人（19.1％）、第２次産業就業者８７７人（20.8％）、第３次産業就業者２５３２人（60.1％）となっている。県内有数の温泉地のほか、豊かな自然的観光資源を有することから観光・サービス業に就く者も多く見られるものの、比較的農林業従事者が多い地域として捉えられる（第１次産業就業者割合の全国平均は4.0％である）。しかし、産業別の生産額割合でみると、第１次産業5.9％、第２次産業13.3％、第３次産業80.9％となっており、小国町の経済的基盤はほぼ第３次産業に依存しており、苦しい農業・林業経営の姿をイメージすることができる。現在の主要農産物は大根、米、生乳である。特に大根は、高冷地野菜として一時期大きな収入源となっていた。しかし、耕地が極小で散在し、急傾斜の畑地が多いことに加え、近年の交通機関の発達により、北海道や東北地方などの他の産地にシェアを奪われる形になっている。また、１８９１年に吉野杉を移入したことに始まる「小国杉」の生産も、安価な輸入材と国内市場の不振により過酷な状況にある。なお、一人当たりの家計所得（２０１０年）は、２５８万２０００円となっており、熊本市の３１５万４０００円とは大きくかけ離れている。

ところで、小国町の地域生活を見る場合に、大字単位で組織される社会的ネットワークの存在を見逃すことができない。北里、西里、下城、宮原、黒渕、上田の6つの大字には、戦前からある「大字協議会」と１９９１年に新たに生まれた地域づくりグループが存在する。小国町では、明治初期にうまれた行政村を単位に大字の区割りが成立しているが、「大字協議会」は部落有林野統一政策のなかで、旧慣の農民の共有地の利用保全・管理運営のためにつくられたものである。神田（2000）は、『大字協議会』は、地域によって強弱があるが、小国町の住民に大きな支配力をもっていた」と指摘している。一方、１９９１年以降新たに組織された地域づくりグループ[2)]は、大字ごとに名前が異なり、「北里育才舎」、「西里ボウブラ塾」、「楽夢下城」、「宮原ざまむね座」、「黒淵ミハナ会」、「上田企画部」という。これらは、「次代の地域リーダーを中心にした土地利用計画チーム」（江藤、2000）としてスタートしたものであるが、現在では、農業集落排水事業や地域イベント、景観づくり、地域民泊制度などの実践的活動を展開している。

しかし、このような社会的ネットワークが存在し人びとの生活を支える一方で、神田も語るように「小国杉に替わる、新たな地域産業が生まれてこない限り、若者の流失はとどまらず、地域経済の低迷は避けられない」ものとなっている。人口減少については先ほど見てきたとおりであるが、農林業に代わる地域産業として期待される観光業とそれに関わるサービス業についても陰りが見え始めている。例えば、１９８５年に３５万３７９０人だった観光客の入込み客数は、１９９５年には８７万７４１７人、２００４年には１０８万１８１２人と大幅に増加していったものの、その後は減少に転じ２０１１年は８３万３０３４人まで落ち込んでいる。

最後に、本章で取り上げる宮原地区、黒渕地区、西里地区について述べておく（各地区の数値は調査を行った２００５年のものである）。宮原地区は、小国町の市街地に位置し、人口は４１０７人（男１９５８人、女２１４９人）、世帯数１４８６世帯（町全体に占める割合は47.9％）と最も多い。黒渕地区は、宮原地区に距離的に近い山間地域である。人口１１８４人（男５７１人、女６１３人）、世帯数３９０世帯（同12.6％）となっている。県境に位置しもっとも山深い地形にあるのが西里地区である。人口５９６人（男２９７人、女２９９人）、世帯数１７７世帯（同5.7％）となっている。

2　生活構造分析の手続き

生活構造分析に必要なデータは、アンケート調査によって収集された。[3)] 調査項目は、鈴木（1986）を参考に次のとおり設定した。階層性の指標としては、「世帯年収」を用いた。この他に「学歴」「個人年収」等が想定されるが、ここでは農山村が対象であること、経済的な生活の側面が測定できることを考慮し、「世帯年収」を採用した。流動性としては、空間的・階層的・社会的な移動が想定されるが、ここでは、特に地域社会とのつながりを研究対象とすることから空間的（地域的）な移動を、「居住年数」として設定した。同調性は、その時代の代表的な文化体系に対する同調・非同調を表すものであり、現代社会のマスコミの影響力の大きさ、健康ブームの隆盛を考慮し「健康番組の視聴」とした。公共性の指標としては、鈴木ら（1978）が先行研究において採用した「理想の生き方」を援用し、具体的な質問項目は「自分ひとりのことを考えず、社会のためにすべてをささげて暮らす」「ある程度の暮らしをしながら、自分の住んでいる地域や集落のためにできることをしたい」「一生懸命働いて、お金持ちになる」「金や名誉を考えず、自分の趣味にあった暮らし方をする」「その日その日をくよくよしないで、のんきに暮らす」とし、4件法で選択させた。本章では、それぞれ「社会」「地域社会」「お金」「趣味」「のんき」と表記している。

表1-1　アンケート対象者の基本的属性

％(N)

項目／地域	性別		家族形態			
	男	女	独居	夫婦のみ	核家族	多世代
小国町 (N＝225)	48.0 (108)	52.0 (117)	7.9 (17)	10.6 (23)	32.9 (71)	48.6 (105)
熊本市 (N＝167)	40.7 (68)	59.3 (99)	8.2 (13)	12.6 (20)	49.1 (78)	30.2 (48)

項目／地域	年齢			学歴			
	30歳代	40・50歳代	60歳代	中学校	高校	大学等	その他
小国町 (N＝225)	21.8 (49)	55.1 (124)	23.1 (52)	18.0 (40)	47.3 (105)	32.9 (73)	1.8 (4)
熊本市 (N＝167)	21.0 (35)	60.5 (101)	18.6 (31)	4.8 (8)	39.4 (65)	49.1 (81)	6.7 (11)

分析に際して、農山村の特色がより鮮明になることを意図し、地方都市である熊本市のデータと適宜比較することとした。熊本市は、人口７３万９１５人、世帯数３２万２５１５世帯となっている（２０１３年）。年齢階級別人口は、年少人口（２０１３年）は１０万６１４２人（14.5％）、生産年齢人口は４６万２９９３人（63.3％）、老年人口は１６万１７８０人（22.1％）となっている。産業別労働人口（２００５年）は、第１次産業3.4％、第２次産業16.6％、第３次産業77.5％となっており、総生産額は熊本県の３分の１以上を占めている。市民一人当たりの家計所得（２０１０年度）は３１５万４０００円と熊本県内の市町村平均の２９４万４０００円を大きく上回っている。

なお、アンケート調査は２００５年に実施し、生活構造分析に必要な項目のほかに、スポーツに関する「実施頻度」「実施種目」「実施相手」についても調査した。

本章におけるアンケート対象者の基本的属性は表１－１に示すとおりである。

3 小国町における生活構造の変容過程

本節では、住民の生活構造の変容と地域社会構造について、アンケート調査結果[4)]と宮原、黒渕、西里の各協議会会長のインタビューデータ[5)]からコーディング[6)]されたテーマとともに検討していく。

(1) 安定した「マチ―ムラ連合」の形成期

徳野（2006）は、地域社会の原型として「マチ・ムラ連合」を設定する。それは、１９６０年ごろまで続いた農村の定住型社会の典型であり、流通の拠点や商業の集積地、あるいは行政の結節機能を果たすマチと小字集落や大字集落のムラとが、安定的な地域システムとして機能する状態である。小国町もこの「マチ・ムラ連合」の典型的な形として形成されてきた。マチとしての宮原地区は、小国両神社の門前に露天を出していた商人達が土着して門前町が形作られ、戦後、旧国道沿いに新たな町並みが形成された。その後、行政・教育機関等の中心機能や商業・観光施設、町営の団地が建設され、市街地としての宮原地区が形作られてきた。一方、１９６０年代以前の黒渕・西里は、ムラとして自立した構造を引き継いでおり、地区全体が同じような生活のリズムであったという。当時の様子を黒淵の協議会会長は次のように振り返っている。

「田んぼの植え付けが終わると、1週間ぐらい休んで、のんびりしていましたね。林業関係で言うと、根ざらいというか下草刈りにいったり、間伐に行ったりして田んぼの手入れをしながらという生活ですね。小さな五反百姓なんかは、農業が忙しいときは農業しながら、農閑期にはなんか働き口があれば働くという具合でしたね。当時は、青年団なんかの活動も活発でしたね。祭りをやったり、例えば、学校の先生やその奥さんなんかが、そろばんを教えてくれるということで、青年団のみんなで習いに行ったりとかですね。地域の有力者（造り酒屋の社長さん）が古い校舎の体育館を使って、そこに畳をひいて、若い者に何かさせなんいかんということで、大きな剣道場と柔道場を作ってくれました。そういうこともあって、黒渕地区では、青少年のための柔道大会などを開いて活発でしたよ。剣道も盛んでしたよ。それも自分ところに、半年か1年ぐらい県から指導員を派遣してもらって、先生を自分ところに住まわせて指導してもらっていましたね。青年団の者もみんなで習っていました」

西里も同じような状況にあり、農業を中心に林業で臨時収入を得ながらの生活であった。しかも、そのほとんどが「五反百姓」であり、米（6俵～7俵）と牛を売って、杉山の手入れをしながら生計をたてるという非常に苦しい生活であったという。ただし、このような経済的に苦しい黒淵や西里の住民であっても、彼らの生活そのものは、小さいながらも自立した経済システムの中で営まれていた。彼らの生活の範域は大半がムラ内あるいはマチとの関係性の中で完結することが多く、比較的安定した生活構造であったと考えられる。

(2) ムラの弱体化

ところが、日本全体が近代化・都市化への道を急激に歩み始める高度経済成長期に差し掛かると、ムラの生活構造に大きな変化が現れる。黒淵、西里ではそれぞれの変化の過程は異なるものの、ムラの弱体化という方向は共通している。

大根をはじめ高冷地野菜を栽培していた西里では、高度経済成長期に差し掛かると、福岡などの都市部との関係が強まり、一時期は比較的裕福な〝大根農家〟も現れた。当時の西里の活況を同じ山間部の黒淵の協議会会長は次のように語っている。

「西里の農家はバーンと良かったんですよ、一時期。そのころは黒渕の農家には嫁の来てはないけど、西里の山奥にはどれだけでもいるという話があったんですよ。要するに黒渕の農家は裕福でなくて、ほとんど兼業農家ですし、あとは日稼ぎに出ているところばかりでしたから」

しかし、近代化・都市化の波は止まることを知らず、都市部への依存度が高まるにつれて、徐々にムラの自立性は失われていくのであった。その後の地域の生活状況を西里の協議会会長は次のように語っている。

「高校、大学をでたら（ムラを：筆者）出て行きますよね。農家をして生計をたてようとする人はいませんよね。お父さんたちの苦しい状況が分かっていますからね。昔は大根農家は良かったんですよ。災害なんかあると大根の値段も上がって。でも、今は、道路状況がいいから、品薄になっても、青森とかいろんなところから品物が入ってくるからですね。少ないと思ったら、市場はすぐ北海道や青森に電話して届けさせますからね」

このように、急激な近代化・都市化の流れはムラと都市を直接的に結びつけることになり、農業に支えられてきた西里に一時期は好景気をもたらしたものの、結果的には、小さいながらも自立した経済システムが崩壊し、彼らの生活に不安定さをもたらしたこととなった。

一方、黒淵では地理的にマチである宮原に近いことや国道建設等の交通網の発達に伴い、生活の流動化が引き起こされ、マチへの依存（＝ムラの弱体化）が進んだ。特に、仕事の面では早くから兼業化が進み、マチ（宮原）の製材所などの木材関連会社に仕事を求める者が多くなった。

このことは、高冷地野菜の順調な売れ行きの影響で兼業化が遅れた西里との大きな違いであり、比較的早い段階でマチへの依存が強まっていったことになる。兼業化を進めた黒渕では、高度経済成長以後も比較的安定した経済状態を保つことができたとみられるが、次で述べるマチの弱体化とともに黒渕のムラとしての弱体化も同時に進むこととなった。

(3) マチの弱体化と都市への依存

西里が生産物の流通を通して都市との関係を強めていったように、今日では、個人の生活レベル（消費・余暇・労働）においても、都市との直接的な関係が強まっている。交通網の整備により、熊本市まで車を利用し1時間半で行くことが可能であり、週末は多くの住民が市内の大型店に足を運んでいる。また、農林業に代わる新たな産業として促進されている観光産業では、熊本市に止まらず大都市である福岡市までもターゲットとし、現在では直行便のバスも運行している。地域住民の生活圏、経済圏は、ますます拡大し都市との関係性を強めつつあるのである。

このような状況は、マチ―ムラにおける自立したシステムを前提に都市との関係を維持することができた安定した状態とは異なり、個人が都市と直接結びつく状況として捉えられる。そして、個人と都市の直接的な結びつきは、日常的な暮らしにおける都市的・市民的価値観の浸透として、今日の小国町住民の生活構造にも影響を与えている。生活構造分析における公共性の指標である

表1-2　小国町住民の公共性

％(N)

項目／地域	生活の目標		
	社会・地域社会	お金	趣味・のんき
小国町 (N＝225)	39.0（82）	6.7（14）	54.2（114）
熊本市 (N＝167)	34.6（55）	5.0　（8）	60.4　（96）

表1-3　小国町住民の同調性

％(N)

項目／地域	健康番組の視聴			
	できるだけ見て取入れる	できるだけ見るが取入れない	あまり見ない	まったく見ない
小国町 (N＝225)	21.4（47）	35.0（77）	39.5（87）	4.1　（9）
熊本市 (N＝167)	26.1（43）	34.5（57）	32.7（54）	6.7（11）

「生活の目標」および代表的な文化体系（マス・メディア）への同調性の指標である「健康番組の視聴」についてみてみよう。表１－２に示すように、「生活の目標」では、熊本市との有意な差は認められず、都市部と同様に私化の浸透を確認することができる。同じく、「健康番組の視聴」（表１－３）についても、熊本市と同様の傾向が確認される。都市部と同様に、農山村である小国町でもマス・メディアを機軸とした代表的な文化体系への同調性が認められるのである。

また、宮原の協議会会長は、インタビューの中で宮原の人口減少、特に若者の流出を嘆くと同時に、マチの人びとの関係性の変化を以下のように捉えている。

「結局、地域のために何かするという意識は少なくなったんですよ。ボランティア活動は盛んにやっているんですよ。年寄りのご飯の世話や車椅子を押したりとか、でも、横の関連がなくなった気がします。何かあると隣近所が頼りだったんですが、今はそんなことも無いですね。ボランティア・サークルなんかは公民館なんかにでてきてよく活動しているんですけど。だから、婦人会なんかも、40代ぐらいの人に推進してもらいたいんだけど、そのくらいの人が脱退してね。だんだん横の連携は薄れていますね」

地域住民の関係性が、これまでマチに残されてきた共同活動やそれを支える価値観から、徐々に自立した都市的市民のものへと変化したと捉えることができる。半強制的、無意識的な関係性から目的的、意識的な関係性への変化と解釈される。これら変化は主体的側面の変化のみで捉えられるものではなく、協議会会長が「普段は仕事があるから、冠婚葬祭なんかもみんな土日やるでしょ。日曜日に結婚式、法事が重なったりで、できんでしょ。だから共同作業もほとんど少なくなったんですよ」と述べるように、地域住民の生活構造が大きく変化したことも影響している。

(4) マチ・ムラの弱体化に抵抗する住民活動と共同体的特質

安定した地域システムであったマチ・ムラ連合は、生活圏の拡大や流動化に伴う都市への依存が進み、今後も一層その弱体化が進むことが予測される。しかし、一方では、マチ・ムラの弱体化に抵抗するような住民の共同的な活動あるいは感情的な結びつきを確認することができる。例えば、黒淵では、４００年以上も続く神社のお祭りの際には地元住民による奉納相撲が行われ、[7] 地区の運動会を通した学校と地域との新たな関係も模索されている。特に、「大字協議会」と地域づくりグループ「ミハナ会」の活動は活発であり、他にも地区婦人会や壮年会が様々な活動を展開している、協議会会長はこれら住民組織の活動について次のように語っている。

「黒渕の場合は、協議会、婦人会、それに壮年会というのがあって、これらは以前から、長い歴史があるんですが、財産を所有していまして、実は昭和20年、30年代から植林をしておりまして、山林を育てており、当然、間伐すればお金も入ってきますし、そういう3つの団体から補助金をだして、町からの補助金はなくなりましたけど、いろんな行事ができるわけです。ミハナ会自体は金が無くても、これらの団体から金が出ますから。それを利用して、ミハナ会あたりが中心になって、「ホッポ祭り」（地元の祭り）もできるんですね。ミハナ会は、黒淵の中心になる中堅の人物が集まっておりますので、それこそ他の地域にはいろんな面で負けないぞという期待の持てるグループですから」

同様に、西里においても、地域づくりグループ「ボウブラ塾」が、行政の補助金を受けて始まった「ボウブラ祭」を、補助金が途絶えた後も地区の祭りとして開催し続けている。それまでは外部者向けだった祭りを、地区のシンボルでもある「義民七兵衛」の慰霊祭と収穫祭をあわせた自分たちの祭りとして存続させようとしている。塾長（50歳代、専業大根農家）は、塾生たちのことを「やはり、西里のために何かしたい、見つけてでもしたいという人たちでしょうね」と評していた。また、このような住民組織は若い世代にも存在しており、「ボウブラ塾」が行政主導で作られた町おこしグループであるのに対して、明治時代から続く「養善会」という若手の集まりがある。この会は、集落のことは何でもやるといった組織であり、会員からは「これからは若い世代で西里を変えていこう」「町に頼るのではなく自分たちで自立しないとダメなんだ」などという声が聞かれた。

個々の住民の生活構造における都市市民的な関係のあり方や価値観が浸透しつつある小国町で、このような共同体的な関係性が残存する理由は何であろうか。その理由の一つとして、小国町住民の土着性の強さがあげられる。表1－4に示すように、土着性の指標である「居住年数」を見ると、30年以上が77.6％を占め、熊本市（56.0％）と比較しても有意な差（p＜.001）が認められた。

表1-4　小国住民の土着性

%（N）

項目／地域	居住年数***	
	30年未満	30年以上
小国町（N＝225）	22.4（50）	77.6（173）
熊本市（N＝167）	44.0（73）	56.0　（93）

***p＜.001

また、１９５１年以前生まれの者のうち、小学校期に小国町に居住していた者は61.0％、30歳代では92.9％となっている。熊本市の場合、小学校期では28.6％、30歳代では42.9％となっている。１９７２年以降生まれの者で見ると、小学校期に現在の居住地に住んでいた者は、小国町では80.0％、熊本市では44.4％となっている。このように、熊本市と比較した場合、小国町の土着性は非常に強い。

ところで、西里では「地熱の問題」が絡み、伝統的な集落の盆踊りが中止になるという事態に陥っている。協議会会長はこのことに関し以下のように語っている。

「今はもう盆踊りはやっていません。それはですね。ここあたりは、地熱が豊富なところで、30年前から地熱発電の話があったんですよ。それでいざ造ろうとなったときに、集落には34軒あるんですが、そのうち5軒の方が反対して。それから今度はマチのほうから、お医者さんとか杖立温泉（同じ町内の比較的大きな温泉地）の大きな旅館ができて、もうどうにもならんようになって、話が壊れてしまったんですね。それで、いまだに仲直りができなくて、そういう祭りも盆踊りも止めようやということで、残念なことですけど」

この問題は、単に農山村の人間関係の難しさを物語るものではなく、この地域の人びとの間に残された共同体的な関係のあり方と土着性の強さを示すものであろう。当事者たちにとっても、言葉では説明不可能な関係性の上で引き起こされた出来事であったといえる。また、「養善会」の若い世代にとっては、この問題は古い世代の悪しき出来事として捉えられており、それを乗り越えた新たな人間関係が必要であるとも述べている。「マチ・ムラ」の弱体化や都市への依存が進行する中で、それぞれの地域に引き継がれてきた関係性はいまだ確実に彼らの暮らしの中に残存しているということである。

4　小国町住民の生活構造とスポーツ実践の関係

前節において、小国町住民の生活構造の実態について確認してきた。次はその生活構造とスポーツ実践の関係についてみてみたい。

まずは、住民のスポーツ実施状況（表1－5）について概観しておく。スポーツの実施頻度では、定期的実践者として捉えられる週1回以上実施している者は、小国町で34.3％となっており態

表1-5　スポーツ実施状況

％(N)

項目／地域	実施頻度			
	非実施	年に数回	月に1～3回	週に1回以上
小国町（N＝225）	18.8（40）	29.6（63）	17.4（37）	34.3（73）
熊本市（N＝167）	21.0（33）	24.8（39）	21.0（33）	33.1（52）
項目／地域	集団種目の選択***		地域の人が相手***	
	は　い	いいえ	は　い	いいえ
小国町（N＝225）	53.2（116）	46.8（102）	51.1（113）	48.9（108）
熊本市（N＝167）	22.9　（38）	77.1（128）	17.0　（27）	83.0（132）

***p＜.001

本市（33.1％）と大きな差は認められない。スポーツ実践の量的側面では、都市―農山村の間での地域間格差が存在しないということであろう。一方、行い方に目を向けると、集団種目の選択において、小国町で53.2％、熊本市で22.9％の者が選択している（p＜.001）。また、実践の相手として地域の人を選択する者は、小国町で51.1％、熊本市で17.0％とここでも大きな差が認められる（p＜.001）。つまり、スポーツの行い方においては、都市―農山村で地域間格差があり、特に、集団や地域との関わりの中でスポーツを実践する者は都市部に比べ農山村のほうが多い傾向にあるといえる。

次に、生活構造とスポーツ実践の関係を、両者のクロス集計結果から見ていくことにする。

まず、実施頻度については、表1－6に示す

表1-6　実施頻度×生活構造

%

項目／実施頻度	階層性			土着性	
	400万円未満	400万円以上700万円未満	700万円以上	30年未満	30年以上
非実施	56.0	12.0	32.0	32.5	67.5
年に数回	34.2	31.6	34.2	19.4	80.6
月に1～3回	24.0	28.0	48.0	24.3	75.7
週に1回以上	49.0	25.5	25.5	19.4	80.6

項目／実施頻度	同調性				公共性*		
	できるだけ見て取入れる	できるだけ見るが取入れない	あまり見ない	まったく見ない	社会・地域社会	お金	趣味・のんき
非実施	15.4	43.6	35.9	5.1	22.2	11.1	66.7
年に数回	16.7	36.7	43.3	3.3	28.3	8.3	63.3
月に1～3回	21.6	29.7	43.2	5.4	42.4	6.1	51.5
週に1回以上	27.8	33.3	37.5	1.4	56.5	2.9	40.6

*p＜.05

ように、地域社会への貢献を生活の目標とする公共化の志向の強い者ほど実施頻度が高い傾向にあった（p＜.05）。なお、このことについて、熊本市のデータでも同様の結果を得ている。現代社会において、鈴木（1986, p.187）が指摘したように私化の浸透が進んでいくとするならば、今日のスポーツ実践の量的拡大の背景には、それを上回る強烈な健康志向の存在があることが予測される。都市部と同様に、小国町のスポーツ実践の量的側面は、公共化の志向の強い者に支えられているものの、私化の浸透を特徴とする現代社会の生活構造においてはその割合は少なく、多くの実践は個人の健康志向に基づくものであると考えられる。

次に、集団種目の選択と生活構造の関係をみていく。表1－7に示すように、土着性の強い者ほど（$p<.05$）、また、非同調性の者ほど（$p<.01$）、集団種目を選択する者が多い傾向にあった。なお、このことについて、熊本市のデータでも同様の結果を得ている。流動化、同調が、現代社会の大きな流れであることや、健康志向の強まりから、今後も集団種目からの離脱は進むものと思われるが、土着性の強い小国町では、集団種目からの離脱に歯止めがかかっており、このことが小国町住民のスポーツ実践の大きな特徴となっている。

最後に、地域の人を相手に実施している者についてみていく。表1－8に示すように、地域社会への貢献を生活の目標とする公共化の志向の強い者ほど、地域の人を相手にスポーツを実践する傾向にあった（$p<.05$）。なお、熊本市のデータでは、統計的な有意な差は認められなかったが、同様の傾向は確認された（$p=.0683$）。このことは、現代社会の私化の傾向と健康志向の高まりの中で、地域の人とスポーツを行う者がますます減少していく可能性を示唆している。また、土着性との関係では、小国町では、サンプルの80％近い者が30年以上同町に住み着いていることから、特に、有意な差が認められなかったが、熊本市を含めたデータで見ると、土着性の強い者ほど地域の人を相手にスポーツを実践する傾向にあった（$p<.05$）。

表1-7　集団種目の選択×生活構造

%

項目／集団種目選択	階層性			土着性	
	400万円未満	400万円以上700万円未満	700万円以上	30年未満	30年以上
は　い	42.3	30.8	26.9	16.5	83.5
いいえ	38.8	23.9	37.3	27.7	72.3

項目／集団種目選択	同調性				公共性*		
	できるだけ見て取入れる	できるだけ見るが取入れない	あまり見ない	まったく見ない	社会・地域社会	お金	趣味・のんき
は　い	17.0	27.7	50.9	4.5	44.3	3.8	51.9
いいえ	24.8	43.6	27.7	4.0	31.6	9.2	59.2

**p＜.01、*p＜.05

表1-8　地域の人を相手に行う×生活構造

%

項目／地域の人が相手	階層性			土着性	
	400万円未満	400万円以上700万円未満	700万円以上	30年未満	30年以上
は　い	46.1	28.9	25.0	19.6	80.4
いいえ	36.8	23.5	39.7	26.2	73.8

項目／地域の人が相手	同調性				公共性*		
	できるだけ見て取入れる	できるだけ見るが取入れない	あまり見ない	まったく見ない	社会・地域社会	お金	趣味・のんき
は　い	19.3	32.1	45.0	3.7	47.1	2.9	50.0
いいえ	22.4	38.3	34.6	4.7	32.4	10.8	56.9

*p＜.05

以上のことを踏まえると、小国町が、熊本市と比較して地域の人とスポーツを実施する者が有意に多い傾向（p＜.001）にあるという特徴は、小国町住民の土着性の強さに加え、彼らの持つ公共化の志向性に影響されたものであると考えられる。先の生活構造の変容過程を振り返るならば、都市型社会の私化・同調の流れに対抗するような、地域に引き継がれてきた共同体的な関係のあり方が大きな規定力となって影響しているということであろう。このことについては、第5章においてより具体的に確認してみたい。

5　農山村生活者の生活構造とスポーツ

本章では、人口減少や高齢化、さらには、農林業の低迷などの地域課題を抱える小国町を対象に、生活構造分析を通して、農山村生活者のスポーツ実践の特徴について分析してきた。その結果、まず、小国町の地域社会構造の大きな特徴として、伝統的なマチ・ムラ構造が弱体化し、都市への依存が強まる中で、住民同士の様々な組織・集団を通した地域活動が残存することが明らかになった。しかも、その活動は、土着性を基盤とし、地域に引き継がれてきた共同的な関係性がベースになっていることが分かった。これは、自立した個人をベースにした都市的コミュニティの様相とは異なるものであろう。

徳野（2007）は、日本のムラを地域機能共同体と表現し、ムラの持つ機能的共同原理と行動様式は、現在も継承されていると述べている。彼は、日本のムラでは、相互に助け合うという本源的な相互扶助だけでなく、ある共通課題に対して、高度な計画をつくり、ムラ中が集団的にまとまり、資金調達も含めて組織化され、共同訓練・共同作業を行っているという。そして、子どもや若者は、祭りや集団的な共同作業を通して、ムラの仕組みと集団的行動の原理を学んでいるのである。小国町住民の生活構造分析やインタビュー調査からは、確かに、都市部と変わらぬ私化・流動化の状況を確認することができる。しかし、一方で、様々な中間集団（「大字協議会」、地域グループ、婦人会、青年団等）を通した活動からは、人びとが地域社会の強い関係性の中で暮らしている姿が浮かびあがってくる。そこには、「永い間そこに住んでいる」という彼らの強い土着性が背景にあると思われる。言い換えれば、土着性を基盤とする農山村生活者の暮らしには、集団性・地域性を特徴とするムラの共同的生活様式が、今なお継承されているということであろう。そして、そのような暮らしぶりは、彼らのスポーツ実践様式にも反映されていたのである。

最後に、本章の結果を踏まえ、近年の地域スポーツ研究において中心的に取り上げられている総合型について言及しておきたい。総合型政策とは、本来、スポーツ実践者の量的伸び悩みと地域社会の崩壊が前提となり、それへの対応として立案されたものである。基本的には、自立した個人をベースとする都市的コミュニティの形成をイメージした政策である。それは、今回の調査で明らかになった農山村生活者の暮らしぶりやスポーツ実践様式とは異なるものである。集団や地域との関係において日々の暮らしが営まれる小国町のような農山村では、総合型の育成そのものが妥当であるかどうか十分に議論されるべきであろう。極言すれば、単なるスポーツを目的とした目的集団として総合型を育成することは、これまで継承されてきた農山村における集団性・地域性といった人びとの関係性を分断する方向に導きかねない。内藤（2002）が指摘するように、目的集団は住民の個々のニーズを汲み上げるのには有効であるが、その機能は限定的であり、包括的な集団性や地域性は必要としない。仮に、総合型育成政策が、その理念に掲げるような地域課題解決のための方策であるならば、これまで農山村の地域課題に対応してきたさまざま生活組織との関係性の議論を避けることはできないであろう。

注

1）小国町の基礎情報については、町勢要覧及び公式ホームページを参照した。

2）リゾートブームで問題になっていた乱開発を懸念し、町の発案によって「土地利用計画チーム」として発足した住民組織。その後、各地区の生活のあり方と土地利用のあり方とは密接不可分であること、住民相互間の意思疎通が大切であることが認識され、「コミュニティプラン推進チーム」と改称され現在に至っている。

3）配布・回収は配票留置法及び調査員による訪問調査によって行われた。また、一部の高齢者などに対しては、集合法を用いて内容の説明を行いながら収集した。調査期間は、２００５年10月から

２００６年3月までとした。

4）熊本市とのクロス集計結果については、χ^2検定による統計的検定を行なった。

5）地域構造分析には、役場から提供された資料及び地域住民の代表者（各地区の大字協議会会長）に対するインタビュー調査によって収集されたデータを用いた。インタビュー調査では、半構造化インタビューを用い、「地域の歴史及び現状」「住民の社会活動」「住民の意識」に関する質問項目に沿って、自由に語ってもらうこととした。調査に際しては、本人に調査の趣旨を説明し録音の許可を得た上で、後日、逐語データとして書き起こした。収集された逐語データを調査者によって分節化し、コーディングによる概念化の作業を行った。調査期間は２００５年10月～11月とした。

6）コーディングの手法については、木下（2003）を参考にされたい。

7）第５章を参照のこと。

黒渕の大字協議会によってつくられた相撲土俵

第2章　ライフコースとスポーツ
―熊本県阿蘇郡小国町・上益城郡御船町を事例に―

1　生活構造分析への動的視点の導入

三浦（1986）によると、ライフコース研究は、１９６０年代にアメリカの離婚率の上昇や雇用問題などの社会問題を、戦争や不況との関連で捉える分析方法として出現したとされる。ライフコース研究の最大の特徴は、生活構造分析に歴史性を導入することによって、それが本来担っていた動的分析力を回復させたことにある。本章では、ライフコース研究を手掛かりに、地域住民の生活構造とスポーツ実践の関係を動的に把握してみたいと思う。

スポーツ社会学の立場でも、過去の影響に関する検討については、嘉戸ら（1977）や多々納（1997）などによって、その必要性が指摘されてきた。しかし、それらはスポーツに直接かかわる事柄（両親のスポーツ活動や愛好度、過去のスポーツ経験など）との関連から議論されたものであり、スポーツをする人びとの生活そのものを視野に入れたものではなかった。また、スポーツは身体活動を基礎としていることから、基本的には発育・発達段階という視点が重要視され、一般的なライフステージとスポーツの関係が議論されてきた。そのため、スポーツをする人びとの置かれた社会的・文化的状況は後景化されてきたと言わざるを得ない。人びとのスポーツは、その時代の体育・スポーツ行政や教育あるいはオリンピックなどのスポーツ的出来事のみならず、様々な社会的出来事に影響を受けていることは言うまでもない。本章では、まず戦後の体育・スポーツの動向及び国民生活の概要を整理し、人びとのスポーツを取り巻く社会的状況について把握する。

個人の生活史と社会の変動を相互に連関させながら分析するライフコース研究について、松村(2003)は、個人を同時出生集団（以下、コーホートと呼ぶ）でまとめて観察すること、特に、コーホートが遭遇した歴史的出来事を重視することなどが特色であるとしている。そこで、次に社会の変動を視野に入れつつ、コーホート別にスポーツ実践の特徴を明らかにする。その際、ライフコース研究において中心的役割を果たしてきたジールとエルダー（1998）に学びつつ[1)]、年齢効果、時代効果、コーホート効果の交互作用という視点から分析を試みる。

年齢効果とは、一定の年齢に達したことが、生活構造の変動にどのような影響を与えたかということである。スポーツは、基本的には身体の発育発達、老化、健康状態等に基礎づけられると想定されることから、特に年齢効果については留意しなければならないであろう。時代効果とは、一定の時代状況の下に置かれたことが、生活構造の変動にどのような影響を与えたかということである。例えば、オリンピックの開催などのスポーツ的出来事や高度経済成長などの社会経済の時代的状況が、その時代の生活構造やスポーツ実施にどのような影響を与えたかが焦点となる。コーホート効果とは、同じコーホートが以前に経験した一連の歴史的・社会的経験が、生活構造の変動にどのような影響を与えたかということである。これは、前述した時代的状況がすべての世代に同様の影響をもたらすのではなく、同一コーホートに共通の効果をもたらすことを意味している。

具体的な分析にあたっては、意識、行動において大きな世代格差が認められる団塊世代とその子世代である団塊ジュニア世代（中尾、2003）を比較することとした。ただし、厳密な意味でのコーホートの分類を施しているわけではなく、団塊期を含む世代（１９５０年以前生まれ）と団塊ジュニア期を含む世代（１９７１年以降生まれ）と便宜的に分類した。さらに、その間の世代を、ポスト団塊期（１９５１年〜１９６０年生まれ）と新人類期（１９６１年〜１９７０年生まれ）と命名し、歴史的経過が鮮明になるように適宜分析を加えることとした。

以上のように、生活とスポーツの変動に関わる全体像を俯瞰したうえで、コーホート分析を中心としたライフコース研究を通して、生活とスポーツの結びつきを動的に把握する。しかし、大久保（1986：76）が「ライフコース研究は、事例分析を不可欠な条件とする」と指摘するように、統計的に処理されたデータだけでは、個人の行為力を含む具体的なライフコースの変容過程とスポーツの関係について十分に理解することができない。そこで、最後に個人の生活歴を事例に、地域に住む人びとの生活とスポーツの関係について、具体的に考察を深めていく。

2　調査の方法

戦後の体育・スポーツの動向と国民生活の概要については、以下に示す文献を参照し、「体育・スポーツ政策」、「民間レベルの体育・スポーツ」、「国民生活とスポーツ」に関する出来事を拾い上げ、その時代の特徴を表すようにカテゴリー化した。また、「学校体育」については、そのあり方の法的根拠となる「学習指導要領」の改訂に着目し特徴を明らかにした。学習指導要領はほぼ10年ごとに改訂されているため、他の項目も含めて10年ごとの時代区分で記述することとした。

＊中村敏雄・高津勝・関春南・唐木国彦・伊藤高弘著（1978）スポーツを考えるシリーズ④　スポーツ政策．大修館書店．
＊岸野雄三・成田十次郎・大場一義・稲垣正浩編（1973）近代体育スポーツ年表．大修館書店．
＊関春南（1997）戦後日本のスポーツ政策—その構造と展開．大修館書店．
＊ＰＨＰ研究所（1995）数字で見る戦後50年にほんのあゆみ．ＰＨＰ研究所．
＊渡辺治（1994）戦後型社会・政治の成立・確立・再編成．シリーズ日本近現代史４　戦後改革と現代社会形成．岩波書店．

＊中川清（2000）日本都市の生活変動．勁草書房．
＊竹田清彦・高橋建夫・岡出美則（1997）体育科教育学の探求―体育授業づくりの基礎理論．大修館書店．

コーホート分析に必要なデータは、アンケート調査（配票留置法、ただし高齢者などに対しては集合法を併用した）によって収集された。調査項目は、基本的属性のほか、スポーツの実施頻度、種目、相手、目的とし、出生から10歳代毎（学齢期は小中高別）に調査用紙に記入（選択式）するよう指示した。調査期間は、２００５年10月から２００６年３月であった。調査地区には、地域性を考慮し、都市部として熊本県熊本市、都市周辺の中山間地域として熊本県上益城郡御船町、農山村として熊本県小国町を設定した。それぞれに居住する20歳以上の男女を調査対象とし、収集されたサンプル数は３５０（表２―１：基本的属性）であった。なお、対象地域の概要は、熊本市及び小国町については第１章を参考にされたい。御船町については、次の通りである。[2] 熊本市の東南16.6㎞に位置し、東西約20㎞、南北約10㎞に広がる地域で、耕地面積が16.2㎢（13.9％）、林野面積が55.77㎢（56.3％）を占める中山間地である。人口１万７７９６人、世帯数は６２２４世帯、高齢化率27.4％となっており、近年人口は微増しているものの急激な高齢化が進んでいる。産業別就業人口では、第１次産業12.3％、第２次産業30.3％、第３次産業57.3％となっており、農業就業者の減少とサービス業就業者の増加が際立っている。

表2-1　サンプルの基本的属性

N（%）

	合計	性別		最終学歴			地区		
		男性	女性	中学校	高校	大学等	熊本市	御船町	小国町
合　計	350 (100.0)	154 (44.0)	196 (56.0)	32 (9.4)	155 (45.5)	154 (45.2)	121 (34.6)	81 (23.1)	148 (42.3)
団塊期	108 (30.9)	44 (40.7)	64 (59.3)	21 (20.8)	53 (52.5)	27 (26.7)	36 (33.3)	29 (26.9)	43 (39.8)
ポスト団塊期	82 (23.4)	35 (42.7)	47 (57.3)	7 (8.5)	37 (45.1)	38 (46.3)	30 (36.6)	13 (15.9)	39 (47.6)
新人類期	90 (25.7)	39 (43.3)	51 (56.7)	1 (1.1)	36 (40.4)	52 (58.4)	28 (31.1)	22 (24.4)	40 (44.4)
団塊ジュニア期	70 (20.0)	36 (51.4)	34 (48.6)	3 (4.3)	29 (42.0)	37 (53.6)	27 (38.6)	17 (24.3)	26 (37.1)

	婚姻		家族形態				職業（男性）		職業（女性）	
	未婚	既婚	独居	夫婦のみ	核家族	多世代	あり	なし	あり	なし
合計	41 (11.7)	309 (88.3)	14 (4.0)	38 (11.0)	155 (44.8)	136 (39.3)	126 (82.4)	27 (17.6)	100 (52.4)	91 (47.6)
団塊期	1 (0.9)	107 (99.1)	6 (5.7)	30 (28.3)	35 (33.0)	34 (32.1)	20 (46.5)	23 (53.5)	15 (23.4)	49 (76.6)
ポスト団塊期	4 (4.9)	78 (95.1)	1 (1.3)	2 (2.5)	46 (57.5)	31 (38.8)	35 (100.0)	– (–)	25 (53.2)	22 (46.8)
新人類期	3 (3.3)	87 (96.7)	1 (1.1)	2 (2.2)	44 (48.9)	43 (47.8)	39 (100.0)	– (–)	37 (74.0)	13 (26.0)
団塊ジュニア期	33 (47.1)	37 (52.9)	6 (8.6)	4 (5.7)	30 (42.9)	28 (40.0)	32 (88.9)	4 (11.1)	23 (76.7)	7 (23.3)

生活歴に関するデータは、聞き取り調査（60分程度）によって収集された。調査対象者は熊本県上益城郡御船町に居住する同年代の男性２名、及び、熊本県阿蘇郡小国町に居住する同年代の女性２名とし、２００５年９月に実施した。男性の対象者はＫＹとＴＫである。ＫＹは、１９３５年生まれ（調査時70歳、無職）で、妻と二人暮しである。ＴＫは、１９３３年生まれ（調査時72歳、無職）で、農業（主に自宅用）をしながら妻と二人で暮している。女性の対象者は、ＴＹとＳＫである。ＴＹは、１９５０年生まれ（調査時55歳、美容室経営）で、義父母、夫、２人の子どもの６人で暮らしている。ＳＫは、１９５６年生まれ（調査時50歳、パート）で、実父母、夫、３人の子どもの７人で暮らしている。

３　戦後の体育・スポーツと国民生活の動向

戦後の復興期にあたる１９４５年から１９５５年の期間は、生活水準を回復させると同時に将来に向け生活意欲を高めることが重要であったとされる。体育・スポーツに関する政策ではこれからの方向性が示され、それを推進、実行するための母体（競技団体等）が次々と設立された時代である。物質的に恵まれていなかったため、スポーツ用具の給付がなされるなど、〝上から〟の振興策が中心であった。朝鮮戦争特需などによって経済が上向くと、戦争によって制限されていた国民のスポーツ活動は次第にその勢いを取り戻した。新聞やラジオによるスポーツ報道に関心が集まり、街頭テレビによるスポーツ放送にも人だかりができた。その他、レジャー・スポーツのさきがけとなるボウリング場が建設され、パチンコ・競輪がブームとなるなど生活へスポーツやレジャーが浸透するスタートの時期でもあった。競技スポーツにおいては、各競技団体が国際舞台へ復帰し、全国レベルの大会が開催されるなど、戦前の国家主義的スポーツから民間レベルでの活動へと移っていった。学校教育では、民主主義的人間の育成が目標とされ、体育はそれまでの精神や身体の鍛錬から「新体育」「生活体育」へと変化した。具体的には、アメリカの経験主義教育の影響から、子どもの日常の運動生活と体育科との関連が強調された。レクレーションを日常生活へ取り入れることを目指す生活体育論が構想され、子どもの運動生活の充実と合理化が目指された。また、身体的発達目標は消極的に受け止められ、体育の概念も「身体の教育」から「運動による教育」へと転換された。なお、当時の運動部活動は自由研究としての位置づけになっていた。

１９５６年から１９６５年の期間は、１９６４年開催の東京オリンピックに向け、体育・スポーツ政策が積極的に展開された時期である。オリンピックの開催は、国内的には敗戦による精神的なダメージの完全なる払拭と、国外に対しては戦後日本の国力アピールの絶好の機会となった。そのため、政府は積極的に体育・スポーツに関する制度・組織を整え、施設整備に巨額を費やした。一方で、オリンピックは高度経済成長の一つの契機となり「三種の神器」や「マイカー」のブームが起こった。このような経済の発展は、人々の生活を都市化・合理化し、余暇時間の延長をもたらした。そのような中、マス・メディアの拡大戦略の重要なコンテンツであったスポーツ（プロレス・野球・大相撲観戦など）は、新たな余暇時間の庶民娯楽としての地位を築いていった。また、自動車の普及はスポーツエリアの拡大をもたらし、郊外でのゴルフ・スキー人口の急増をもたらした。しかし、このような近代スポーツの生活への浸透は、あくまでも都市を中心としており、地方の農山村地域までは及んでいなかった。さらに、地方から都市への若者の人口移動は、農山村地域の過疎化をもたらすだけでなく、職場スポーツが流行するなど都市生活とスポーツを結びつけることとなった。当時の学校教育は、子どもたちの「基礎学力の低下」が問題となり、それまでの児童中心・生活中心の教育から、客観的な文化や科学体系の重視へ転換していった。学校体育においても、基礎運動能力及び運動技能を教科特性として位置づけ、その向上が目標とされた。特に、オリンピックを控えているという事情もあり、競技スポーツの世界から学校教育のあり方への強い要請があり、基礎体力の向上が中心となっていった。

高度経済成長期にあたる１９６６年から１９７５年では、社会全体が発展・拡大への傾倒期であり、体育・スポーツの世界でも日本の力を示すため徹底した競技力の向上が図られた。特に強力な工業力を背景に、スポーツ環境の整備として大規模施設の拡充が行われた。このような中、生活の都市化はますます浸透し、農村から都市への人口移動だけでなく、農村の生活も次第に都市化していった。都市的生活様式と密接な関係にある近代スポーツは、人々の生活に取り入れられスポーツの大衆化時代を迎えたといわれる。しかし、その中心は都市へ出てきた若者による職場スポーツとカラーテレビの普及による見るスポーツであり、地域社会で展開されるような生活スポーツが広く浸透したわけではなかった。さらに、新三種の神器の流行や新幹線・高速道路開通などに代表されるように、物質的豊かさや合理性は手に入れることができたが、人間関係や精神的豊かさは希薄になったとされる。このような生活のあり方はスポーツの行い方にも反映され、次第にスポーツは消費、娯楽の対象として捉えられるようになった。一方、高度経済成長に伴う生活様式の激変による健康生活への脅威（特に子どもの遊戯環境の悪化、受験戦争の弊害による青少年の体力低下）が問題となり、学校教育現場では体力づくりへの関心が高まった。その結果、学校体育における基礎体力や運動技能の養成に期待が寄せられ「身体の教育」がその中心となった。しかし、運動量を確保するためだけのトレーニングのような授業が流行することになり、多くの運動嫌いを出すこととなってしまったといわれる。

高度経済成長期後の１９７６年から１９８５年では、相次いでドルショックや石油ショックに見舞われ、人々の生活も不安定となった。不況による国の財政悪化は、官から民へ、中央から地方へと体育・スポーツ振興の主体が移行するきっかけとなり、日本スポーツ界全体の商業化と地域スポーツ（「コミュニティ・スポーツ」）への注目が高まった。そのような中、人々は生活の質を重視するようになり、健康やカルチャーブームが起こった。これらの中心にいたのは、女性と高齢者であり、女性の社会進出と高齢社会への突入はそれに拍車をかけた。このように一面的には、気軽なスポーツが生活の中に浸透し始めスポーツの多様化が進んだといえるが、基本的には、社会の物質化、欲望化への進行には歯止めがきかず、大型レジャー・スポーツ施設が次々に建設された。また、メディア・スポーツの発展は止まるところを知らず、スポーツの消費財としての価値はますます大きくなった。この時代に求められた量から質への転換は、学校体育の中でも、体力・技術から楽しみへという形で現れた。脱工業化社会における生活の質の重視は、スポーツが人々の生活に不可欠な運動文化として認知されるきっかけとなったとされる。運動を手段としてだけではなく目的として位置づけ、運動それ自体の教育的価値を承認するようになった。このような楽しい体育という新たな流れは、「生涯スポーツ」の萌芽として理解される。

１９８６年以降も財政の悪化は改善されず、体育・スポーツ界においては、財源確保や国際競技力復活を目指して民間活力が積極的に利用された。しかし、消費文化としてのスポーツは相変わらず隆盛を極め、平成（バブル）景気の時期を中心にテーマパーク・大型レジャー施設が相次いで建設された。人々の生活においても、快適性、健康性、快楽性が求められる時代であり、地域住民の間ではニュースポーツや健康スポーツが流行した。これらのスポーツ活動には「個人化」「簡単」「楽しみ」などの共通した特徴が見られる。地域スポーツ政策においては、先の10年で強調された地域社会再生のためのスポーツに加え、これらの特徴を踏まえた形で個人をベースにした「生涯スポーツ論」が展開されることとなった。この「生涯スポーツ」への志向は学校体育でも顕著となり、「運動に親しむこと」と「健康・体力の向上」が具体的目標となった。

4 コーホート別スポーツ実践の特徴

それでは、前節の戦後の体育・スポーツと国民生活の動向を踏まえた上で、コーホート別にスポーツ実践の特徴を見てみよう。まずは、1ヶ月に1回以上スポーツを行った者の割合を男女別に確認する。

男性（表2－2）では、コーホートが進むにつれて、小・中学校における実施者の割合が増加している。団塊期では小学校35.7％、中学校58.1％であったのに対して、ポスト団塊期ではそれぞれ68.6％、71.4％と急激に上昇し、その後、新人類期では69.2％、71.8％、団塊ジュニア期では97.2％、88.9％となっている。後述するように、子どものスポーツの場が、部活動を中心に制度化、組織化されたものと考えられる。また、団塊ジュニア期のみが高校期以降極端に減少していることが特徴的である。20歳代から30歳代の変化でみると、団塊期では57.1％↓63.4％であるのに対して、団塊ジュニア期は61.1％↓41.2％となっている。団塊期が20歳、30歳の頃は、まだ職場スポーツが盛んな時期でもあり、前節で見たように、社会全体でスポーツへの欲求が高まる時期でもあった。一方、団塊ジュニア期は、ほとんどの子どもたちが小中学校でスポーツを実施しているにも関わらず、学卒後に実施者が減少している。余暇選択が多様化する時代の中で、制度化、組織化されたスポーツからの離脱として捉えられる。

女性（表２−３）でも、小・中学校期における実施者の割合は、コーホートが進むにつれて増加している。小学校期の実施者は団塊期から順に、19.0％、41.3％、56.9％、82.4％、中学校期では33.3％、60.9％、76.5％、81.8％となっており、時代とともに女性のスポーツ参加が拡大したことが分かる。もう一つの特徴として、20歳代から30歳代にかけて全てのコーホートで増加する傾向にある。団塊期では27.0％→33.9％、ポスト団塊期では41.3％→50.0％、新人類期では54.0％→60.0％、団塊ジュニア期では54.0％→61.0％となっている。幼少期の子どもを抱えることの多い20歳代に比較して、比較的学齢期に達した子どもの多い30歳代では、学校や地域（ＰＴＡ活動や婦人会活動など）を介したスポーツが実施されているのではないかと推察される。

次に、実施者の中で週２回以上実施している者（表２−４）の割合を見てみよう。全てのコーホートで、学齢期にその割合が多く、学卒後に激減するという推移を辿っている。これはコーホート効果や時代効果よりも年齢効果の影響が大きいということであろう。高校期から20歳代にかけての減少は、団塊期80.0％→34.9％、ポスト団塊期81.1％→43.6％、新人類期で96.1％→44.4％、団塊ジュニア期90.7％→41.3％となっている。

表2-2　実施者（男性）の割合

%

	団塊期	ポスト団塊期	新人類期	団塊ジュニア期
小学校	35.7	68.6	69.2	97.2
中学校	58.1	71.4	71.8	88.9
高校	55.8	50.0	74.4	68.6
20歳代	57.1	57.1	69.2	61.1
30歳代	63.4	51.4	73.7	41.2
40歳代	61.0	60.0	71.4	
50歳代	61.0	57.1		
60歳代	54.8			

表2-3　実施者（女性）の割合

%

	団塊期	ポスト団塊期	新人類期	団塊ジュニア期
小学校	19.0	41.3	56.9	82.4
中学校	33.3	60.9	76.5	81.8
高校	20.6	41.3	44.9	58.8
20歳代	27.0	41.3	54.0	54.0
30歳代	33.9	50.0	60.0	61.1
40歳代	33.3	53.3	41.9	
50歳代	33.9	34.8		
60歳代	50.0			

表2-4　実施者に占める高実施者の割合

%

	団塊期	ポスト団塊期	新人類期	団塊ジュニア期
小学校	67.9	75.0	89.3	95.2
中学校	93.8	94.4	97.0	95.0
高校	80.0	81.1	96.1	90.7
20歳代	34.9	43.6	44.4	41.3
30歳代	30.6	26.2	35.1	55.6
40歳代	34.0	40.0	31.3	
50歳代	47.8	38.1		
60歳代	53.7			

続いて、スポーツを行う相手についてみていく。まずは、部活動・クラブでの実施者（表２－５）の動向をみると、小学校期における部活動・クラブでの実施者の割合は、団塊期50.0％、ポスト団塊期70.5％、新人類期87.5％、団塊ジュニア期88.9％とコーホートとともに増加している。子どものスポーツの場の制度化、組織化として捉えられる。しかし、20歳代のクラブでの実施者は、団塊期17.1％、ポスト団塊期28.9％、新人類期27.8％、団塊ジュニア期28.3％とジュニア期と比較して大きく落ち込み、各コーホート間の差が縮小している。

職場の人と実施する者（表２－６）については、団塊期に最も多くの実施者がいたが、その後コーホートが進むにつれて、また加齢とともに大幅に減少していることが分かった。20歳代の実施者をみると、団塊期41.5％、ポスト団塊期21.1％、新人類期24.1％、団塊ジュニア期6.5％となっている。

地域の人と行っている者（表２－７）の割合は、20歳代で、団塊期31.7％、ポスト団塊期23.7％、新人類期27.8％、団塊ジュニア期26.1％とほぼ同じ値になっておりコーホート間の差は認められない。しかし、30歳代にかけて団塊期41.7％、ポスト団塊期48.8％、新人類期56.9％と増加するのに対して団塊ジュニア期は27.8％と横ばいのままであり、この世代特有のコーホート効果と理解される。団塊ジュニア期は、男性では、職場スポーツの衰退もあり、全体的に実践者の減少傾向が認められた。一方、女性の実践者は増加傾向にあった。学卒後にクラブや職場が大きな受け皿となっていない

表2-5　部活動・クラブでの実施者の割合

%

	団塊期	ポスト団塊期	新人類期	団塊ジュニア期
小学校	50.0	70.5	87.5	88.9
中学校	74.5	90.6	98.5	93.3
高校	71.1	75.0	94.1	93.0
20歳代	17.1	28.9	27.8	28.3
30歳代	16.7	17.1	5.2	11.1
40歳代	14.9	13.3	6.1	
50歳代	8.7	10.0		
60歳代	5.0			

表2-6　職場での実施者の割合

%

	団塊期	ポスト団塊期	新人類期	団塊ジュニア期
小学校	0.0	0.0	0.0	0.0
中学校	0.5	0.0	0.0	0.0
高校	2.0	2.8	2.0	2.3
20歳代	41.5	21.1	24.1	6.5
30歳代	18.8	12.2	8.6	0.0
40歳代	8.5	6.7	12.1	
50歳代	6.5	5.0		
60歳代	0.0			

表2-7　地域の人と実施する者の割合

%

	団塊期	ポスト団塊期	新人類期	団塊ジュニア期
小学校	13.3	6.8	3.6	6.3
中学校	6.4	0.0	6.4	0.0
高校	10.5	2.8	3.9	2.0
20歳代	31.7	23.7	27.8	26.1
30歳代	41.7	48.8	56.9	27.8
40歳代	46.8	37.8	54.5	
50歳代	37.0	40.0		
60歳代	45.0			

ことに鑑みれば、団塊ジュニア期の女性の実践者の増加は、個人的（フィットネスジム等を含む）実践者の増加として捉えられるのではなかろうか。

最後に実施目的についてみていく。ここでは、実施目的として勝つこと、楽しみ、健康・体力について取り上げる。まず、勝つことを目的としている者（表２－８）は、全てのコーホートで中・高校期に多く、成人期以降に急激に減少するという共通の特徴を持つ。しかし、高校期から20歳代にかけての変化を見てみると、団塊期27.8％→19.5％、ポスト団塊期26.5％→2.5％、新人類期31.4％→9.3％、団塊ジュニア期27.9％→13.0％となっており、特にポスト団塊期以降でその減少が著しいことが確認できる。

一方、このような傾向と逆を辿るのが楽しみを目的として実施する者（表２－９）の割合である。全てのコーホートで中高校期に最低値にあり、学卒後に急激に上昇するという推移を示している。しかし、団塊ジュニア期では、20歳代での値（47.8％）は他のコーホートとほぼ同じでありながら、30歳代において大幅に減少する（27.8％）という他のコーホートとは異なる特徴が見られる。これは、次に述べるように団塊ジュニア期が、特に健康志向の強い世代であることが影響しているのではないかと推察される。

健康・体力を目的とする者（表２－10）を見てみると、まず全コーホートにおいて、加齢とともに実施者が増加するという年齢効果と、近年（１９９０年以降）急激に増加するという時代効

表2-8　勝つことを目的とする者の割合

%

	団塊期	ポスト団塊期	新人類期	団塊ジュニア期
小学校	13.8	7.0	19.3	19.0
中学校	27.3	23.1	37.9	23.3
高校	27.8	26.5	31.4	27.9
20歳代	19.5	2.5	9.3	13.0
30歳代	10.4	2.5	5.3	0.0
40歳代	6.4	4.4	6.1	
50歳代	2.2	0.0		
60歳代	0.0			

表2-9　楽しみを目的とする者の割合

%

	団塊期	ポスト団塊期	新人類期	団塊ジュニア期
小学校	44.8	37.2	22.8	25.4
中学校	25.0	13.5	10.6	26.7
高校	16.7	20.6	13.7	20.9
20歳代	48.8	44.7	44.4	47.8
30歳代	45.8	45.0	45.6	27.8
40歳代	42.6	42.2	45.5	
50歳代	37.8	30.0		
60歳代	35.9			

表2-10　健康・体力を目的とする者の割合

%

	団塊期	ポスト団塊期	新人類期	団塊ジュニア期
小学校	6.9	11.6	26.3	20.6
中学校	18.2	11.5	16.7	5.0
高校	16.7	8.8	9.8	9.3
20歳代	4.9	7.9	16.7	17.4
30歳代	20.5	25.0	24.6	44.4
40歳代	31.9	26.7	30.3	
50歳代	46.7	45.0		
60歳代	53.8			

果を確認することができる。また、20歳代で、団塊期4.9％、ポスト団塊期7.9％、新人類期16.7％、団塊ジュニア期17.4％だった割合が、30歳代では団塊期20.5％、ポスト団塊期25.0％、新人類期24.6％、団塊ジュニア期44.4％となっている。このように団塊ジュニア期の伸び率（17.4％→44.4％）が突出していることから、健康ブームは特に団塊ジュニア期を特徴づけるコーホート効果と理解される。

5　生活歴の概要

最後に、具体的な生活歴を事例にそれぞれのライフコースとスポーツ実践の関係について検討する。まずは、生活歴の概要を確認しておこう。対象とした4名のうち、2名（ＫＹとＴＫ）は熊本県上益城郡御船町に居住する70歳代の男性である。残る2名（ＴＹとＳＫ）は、熊本県阿蘇郡小国町に居住する50歳代の女性である。以上のような4名を比較することで、前節で見てきた年齢効果、時代効果、コーホート効果に加えて、個別的な生活や地域差などについても検討することが可能となる。

ＫＹは１９３５年御船町に生まれ、現在妻と二人暮らしの70歳（調査時）の男性である。学齢期は戦中・戦後にあたるため日々の生活を送ることで精一杯であり、運動やスポーツをする機会はほとんど無かった。学校に行っている間以外は、姉妹の子守や農業の手伝いがほとんどであった。ただ体を動かすことが好きだったので、時間があれば近所の友人たちと山を走り回ったり、用具は無かったが草野球などを楽しんだりしたという。本格的にスポーツに関わるようになったのは就職してからである。出稼ぎから帰ってきた27歳のときに「熊延鉄道」[3]（現熊本バス）に就職し、職場の野球チームに参加した。その後、配置先に対する不満から転職（紡績会社）するが、そこでも野球を続けた。夕方からの練習や早起き野球大会への参加などかなり積極的に取り組んでいた。40歳ぐらいで野球からソフトボールに代わり、加えて町内で行われていたビーチバレーの練習にも顔を出すようになった。当時、町では百チーム以上のソフトボールチームがあり、数箇所でナイター設備が整っていたという。しかし、年齢的なことと、50歳ぐらいから会社でゴルフをやるようになったため、ソフトボールやビーチバレーには参加しなくなった。ゴルフを始めた頃は、バブルに向かう好景気ということもあり会社持ちの大会などが盛んにあったという。現在でも趣味程度に続けている。退職後は町の区長を務めるようになり、それをきっかけに町内会のグランドゴルフに参加し町の大会などに出場している。

ＴＫは１９３３年御船町に生まれ、現在妻との二人暮らしの72歳（調査時）の男性である。学齢期はＫＹと同じ戦中・戦後にあたるが、彼の場合、山遊びのほかに本格的ではないがバレーボールをやったり、中学時代には警察の道場に通い柔道の練習に励んでいた。多いときは週に３回も４回も通っていたという。しかし、中学を卒業する頃、父親が他界し生活が一変した。母親と農業をしながら生計を立てていかなければならず、経済的にも時間的にもスポーツをする余裕は無かった。当時を振り返ると、ずっと仕事ばかりしていた感じがするが、食糧難の時代であり農業をしていれば食う物に困らないのでその点は良かったという。農業収益に先が見え始める前に、彼はKYと同じバス会社に転職した（1962年、29歳）。バスの運転手や自動車学校の指導員などを経験し、経済的には大分良くなり生活も安定してきた。しかし、時間的な余裕のなさは変わらずスポーツの時間はまったく取れなかった。そのような生活が40歳代半ばまで続いたが、47歳（1980年）の時に営業所の観光係に配置換えがあり、営業所内でソフトボールチームをつくった。「ユニホームも揃えるぐらい一生懸命やっていた」「暇な時間によく練習した」というぐらい積極的に取り組んでいた。特に営業所対抗戦などは大いに盛り上がったという。仕事も順調で運転手よりも営業の仕事のほうにやりがいを感じ、時間的にも余裕が出てきた時期である。ソフトボールは50歳代半ばで止めて、1993年（60歳）に退職したあと、スポーツはほとんどしていない。現在の趣味は、釣り（ほぼ毎週土曜日）と孫のスポーツの応援である。今も農業をやりながら自家消費用の作物を作っている。運動やスポーツはやっていないものの、区長としての地域活動、農作業、趣味活動など充実した毎日を過ごしているという。

TYは1950年大分県中津江村（小国町の隣村にあたる）生まれの55歳（調査時）の女性である。現在夫と二人で暮らしている。小学校時代は、4年生まで体が悪く運動を止められていたが、5年生からはソフトボールや陸上の選手として活躍した。田舎の学校で人数が少なくいろんな種目にかり出されていた。中学校ではバレーと陸上に積極的に取り組んでいたが、当時の同年代の人たちには「やれないこともとりあえず挑戦するみたいな雰囲気がみんなにあった」という。中学校卒業後、美容師の専門学校（東京）では勉強に追われ、20歳（１９７０年）で結婚し小国町に戻ってきたときには、出産・育児に忙しくスポーツどころではなかった。25歳から仕事を再開し、28歳で独立（美容院）した。その時、仕事はかなりハードであったもののバレーボールを再開した。「忙しかったけど、何か体を動かしたかったのかなあ。バレーにはどんなに疲れても必ず参加していたよね」と語っている。参加していたバレーボールチームは競技意識が高く、最終的に監督に声をかけられたうまい人たちだけで強化チームを作って試合に出ていた。仕事と家事とバレーと毎日大変だったが、やめようと思ったことは一度も無かったという。40歳代半ばまでこのような生活が続いたが、徐々に体力の衰えを感じ高齢でもできる種目を探していた。さらに、実家の父親と嫁いでいた姉を相次いで亡くし、人生についていろいろ考えるようになったという。その頃、婦人会に誘われてそこでミニバレーをやるようになった。この地区の婦人会は熱心な活動を展開しており、[4] その活動の一部としてミニバレーが積極的に行われていた。婦人会の活動の様子について「婦人会の活動というのはほんとたくさんあってね。ここが特別なのかもしれないけど、お祭り、ＰＴＡ活動、子ども会、学校の入学式やら何やら、ほんとにびっくりするくらいどこにでも顔を出してね。また別に恒例会っていう会があって、そっちにもでなきゃならなくってね」と語っている。現在も婦人会でミニバレーを続け、ダンスなどの新たな種目を取り入れている。

ＳＫは、１９５６年小国町生まれの50歳（調査時）の女性である。現在は実母、夫と３人で暮らしている。小学校時代は高度経済成長期に向かう時期であったが、農業だけの生活では苦しく父親は出稼ぎに出ていた。テレビがやっと入り大相撲を良く見ていた。また、小学校の先生に、放課後の送迎バスが来るまでの時間でソフトボールの指導を受けていた。中学校では寄宿舎に入り、男女合わせて２００名以上の生徒とともに厳しい生活を送っていた。友達に誘われて３年間ソフトボールを部活動で続けたがそれほど上達はしなかった。高校でも部活動でソフトボールを続けたが、うまくならないコンプレックスもあり2年で退部し、３年では山岳部に入部した。高校卒業後1年間だけ福岡市で就職したが、家庭の事情で小国町に戻り製材所に勤務するようになった。結婚するまでの19歳から23歳の間はソフトボールを再開した（１９７０年代後半）。年に一度ある地区別の対抗戦に向けて、２～３ヶ月前から週に2～3回の練習をやっていた。[5] 年齢制限や性別の条件があり、少し経験があったため借り出されていたという。結婚して（23歳）からは、子育てのため時間的にも経済的にも余裕が無くスポーツはやれなくなった。30歳代に入り子育てがひと段落つき、母親に勧められて婦人会の活動に参加するようになった。そして婦人会の活動の一環としてミニバレーに取り組むようになった。ただ、活動は秋に1ヶ月間かけて行われる大会の期間中のみであり、普段からスポーツに親しんでいるわけではない。夫（大工）と共働き（事務員）のため、以前より経済的にも時間的にも余裕があるが、なんとなくスポーツから遠ざかっている。

6　ライフコースとスポーツ

以上が、４名の生活歴とスポーツ実践の概要である。第４節のコーホート分析では、スポーツ実践に関する年齢効果、時代効果、コーホート効果について検討してきた。ここでは、そのことを事例により確認すると同時に、個々の具体的な生活や地域のあり様がどのように影響を与えているのかという点も含めて検討してみたい。

ＫＹ、ＴＫの幼少期は、戦後復興の頃であり生活水準の向上が目指された時期である。スポーツ用具の給付等が行われ、学校教育を通して「生活体育」が浸透し始める時代であった。コーホート分析によると、団塊期の小学校での実施率は35.7％で中学校になると58.1％に上昇する。それよりも前の世代である彼らも幼少期にはほとんどスポーツを行う機会がなく、ＴＹが中学校の時に柔道に関わった程度であった。したがって、彼らが本格的なスポーツに取り組むのは20歳代以降となる。

彼らが20歳代の頃は、高度経済背長期に向かう時期であり、オリンピックに向けスポーツ熱も次第に高まっていった。同時に職場スポーツが盛んになる頃であり、コーホート分析によると団塊期の20歳代における職場でのスポーツ経験は41.5％となっている。KYも27歳の時に職場で野球を始めている（TKは40歳代で初めてスポーツに取り組み始めるが、それも職場スポーツであった）。一方、学齢期にあたるポスト団塊期のTYとSKは、KYとTKとは異なり、部活動を通してソフトボールやバレーボールに自然と参加するようになった。課外活動としての運動部活動が盛んになる時代でもあったが、TYが「やれないこともとりあえず挑戦するみたいな雰囲気がみんなにあった」と語るような当時の社会的な風潮も影響していると思われる。コーホート分析によると、ポスト団塊期の女性の中学校期における実施率は60.9％と高く（団塊期は33.3％）、女性のスポーツへの参加が拡大する時期でもあった。

KY、TKが30歳代の頃は、ますます経済は発展しスポーツも大衆化の時代を迎えていた。KYは競技会に出場するなど積極的に野球に取り組むようになっていた。一方、女性の場合、10代から20歳代にかけては就職や結婚、育児などのライフイベントの影響もあり実施率が落ち込む時期である。TYとSKともにこの時期にスポーツを中断している。時代効果よりも年齢効果の影響が強いということであろう。

その後、社会経済は不安定な時期を迎え、スポーツには地域活性化や健康・楽しさが求められるようになる。この頃、KYは野球からソフトボールに種目を変え、加えて町内で行われていたビーチバレーの練習にも顔を出すようになっている。当時、町では百チーム以上のソフトボールチームがあり、数箇所でナイター設備が整っていたという。地域的なスポーツへの取り組みが盛んになった時期といえる。コーホート分析を見ても、地域の人とスポーツを実施する者が団塊期の40歳代（46.8％）、ポスト団塊期の30歳代（48.8％）で最も多くなっている。加えて、女性の実施率は30歳代から回復傾向にある。この時期、20歳代から30歳代に差しかかるＴＹとＳＫは、それぞれ地域のバレーボールチームや婦人会のミニバレーでスポーツを再開している。

１９８０年代以降は、バブル経済とその崩壊があり、スポーツにおいてはより一層簡単、楽しみなどが求められるようになった。ＫＹもバブル期にゴルフを始め、ソフトボールやビーチバレーには参加しなくなった。ただし、身体活動を基礎とするスポーツでは、このような時代効果だけでなく年齢効果の影響も大きい。楽しみを目的とする者は団塊期、ポスト団塊期ともに40歳代から50歳代にかけて減少する（団塊期42.6％→37.8％、ポスト団塊期42.2％→30.0％）。一方、健康を目的とする者は両方の世代において増加する（団塊期31.9％→46.7％、ポスト団塊期26.7％→45.0％）。この時期に40歳半ばになったＴＹは競技志向の強いバレーボールからミニバレーへと種目を変更している。

このように各事例からも、コーホート分析で明らかにされたようなライフコースとスポーツ実践の間にある一定の関係性を確認することができる。しかし、もう少し彼ら／彼女らの置かれた具体的な生活や地域の状況に踏み込んでみると、それぞれのスポーツ実践に関わる個別的な様相が浮かび上がってくる。例えば、同世代に対して、同時期に同じようなライフイベントが生起してもその影響は一定ではない。ＫＹ、ＴＫはいずれも学卒後、農業に従事しており生活基盤の不安定さもあって、スポーツから遠ざかっていた。ともに20歳代で同じ職場に転職したが、ＫＹはそれを機に野球を始める一方で、ＴＫは職場での配置換えとなる40歳までスポーツを行っていない。

さらに、地域生活との関係性という点もある。例えば、ＫＹは区長という地域的役職に就くことによってグランドゴルフへの接近が強められ、ＴＹとＳＫは婦人会に所属することでミニバレーに積極的に参加するようになった。彼女らの住む小国町は婦人会の活動が盛んであり、第５章でも述べるように農村における伝統的な関係性が存続している。御船町ではＫＹが語るように１９７０年代に町全体がソフトボールに熱中し、多くのチームが結成され施設の拡充が進められた。このような地域生活の状況についても目を向けなければならないであろう。

同時に、個人の生活歴からはそれぞれのスポーツに対する行為力ということも見えてくる。例えば、ＫＹとＴＫはともに学齢期は苦しい生活を強いられていたが、ＴＫは町内の警察道場で柔道の練習を見学するうちに、頻繁に練習に参加するようになった。部活動などの制度的な活動はまったく無かった時代に、中学時代だけではあるが、ＴＫは自ら道場に出向き柔道に取り組んでいた。山や川での遊びが中心であった同時代の子どもたちとは、少し異なる道筋を歩んできたといえる。一方、ＫＹは退職後、たまにゴルフをするぐらいであったが、65歳から町内でグランドゴルフを始め、今も続けている。それは、本人が語るように区長になったからというだけでないであろう。ＴＫも同じように退職後に区長を経験しているが、現在は釣りや孫のスポーツの応援が生活の楽しみという。このような違いは、ＴＹとＳＫについても認められる。両者とも子育てでスポーツを中断し、その後婦人会活動の一環として再開している。しかし、スポーツから遠ざかったＳＫと異なり、婦人会活動をはじめ地域の活動に積極的なＴＹは、今もミニバレーやダンスに熱心に取り組んでいる。同時代、同地域に暮らしながらも、それぞれの生活における志向性の違いがスポーツへの行為力として表れていると考えられる。

注

1）ジールは、コーホート間比較により、社会システムの要件が社会構造とパーソナリティの相互連関を通して、個人の目標といかに接合するようになるのか、また、諸個人はいかにしてより大きな社会を変えようと試みるようになるのか、ということについて分析している。一方、エルダーは、生活記録や縦断的な標本を用いた研究で、ライフイベントの年齢階梯化の問題に取り組んでいる。ジールは、個人と彼／彼女を取り巻く社会構造との関係に焦点化しており、一方、エルダーは、よりミクロな水準で社会化に焦点を合わせている。

2）御船町のデータは、２００５年当時のものである。データの出所は、御船町ＨＰ及び広報誌である。

3）熊本市と宮崎県延岡市を結ぶ鉄道として計画されたが、開通には至らず、バス路線として運行。当時、事業を引き継いだバス会社は御船町でも比較的大きな事業所であった。
4）第5章で取り上げる小国町黒淵地区の婦人会のことである。
5）同じく第5章で取り上げる３００歳ソフトボールのことである。

ビーチバレーの様子（御船町）

グランドゴルフ大会表彰式（御船町）

第３章　障害者の生活構造とスポーツ
―熊本県Ａ町を事例に―

１　本章のねらい

本章では、地域で生活する障害者の生活構造とスポーツの関係について分析する。具体的な分析作業に入る前に、これまでの障害者スポーツ研究について振り返っておこう。これまでの障害者スポーツ研究では、実践の意義・効果あるいは振興のための課題発見・解決に関する研究が中心に行われてきた。[1)] これらの研究は、障害者の社会参加や障害者スポーツの社会的認知という側面において一定の成果を上げたと言える。しかし、そこで示される障害者スポーツの現状は、競技大会や組織等に関わる制度的状況の把握に止まっており、障害者のスポーツ実施状況の正確な現状認識が存在していたとは言い難い。確かに、制度的状況の進展は障害者スポーツ振興の一端を示すものであるが、そこには日々地域で暮らす障害者の生活とスポーツの関係は見えてこない。このように障害者とスポーツにかかわる正確な現状認識を持たないまま進められてきたこれまでの障害者スポーツ研究は、必然的に制度化されたスポーツに参与する障害者だけを対象とせざるを得ず、その実践がシンボル的な意味を帯びることによって、ますます現実遊離した議論に陥る可能性がある。

加えて、これまでの研究では「障害をもった人たちがどのようにしてスポーツと出会うのか」といった根本的な課題についてはあまり明らかにされていない（藤田、1996）。いわゆる障害者のスポーツ社会化研究ということであるが、一部、藤田や吉田らによる取り組みが確認されるのみである。藤田は、ケニヨンとマクファーソンの分析枠組み（Kenyon/McPherson, 1972）を用いた量的調査（藤田ら、1996）を踏まえ、エージェントとの相互作用を時系列的に理解するために、個人史を用いた質的研究に取り組んでいる。そこでは、障害者のスポーツ社会化には時間経過とともに複数のエージェントが重層的に影響を及ぼしていることや、文化・制度さらに社会化状況のコンテクストが関連していることを明らかにしている（藤田、1998）。

また吉田らは、後天的身体障害者のスポーツ社会化過程について、個人史を用いて検討している。彼らは社会化の要因と困難克服の要因を同じものとして捉え、困難克服に資する主体性の発揮には、身近な他者の力と前向きな心情が必要であるとしている（吉田ら、2007）。彼らが行った個人史分析（ライフヒストリー分析）による事例研究は、障害者のスポーツ社会化過程に関わる要因連関を動的に理解することの重要性を示したと言える。しかし、これらの研究でも、障害者が制度化されたスポーツに参与する局面だけを考察の対象とし、障害とスポーツの関係に問題が焦点化されるため、地域で暮らしている生活者としての姿は浮かび上がってこない。

以上のことを踏まえ、本章では地域で暮らしている障害者とスポーツの現状を把握し、彼／彼女らはどのようにしてスポーツと出会い、実践しているのかということを明らかにする。その際、障害者を生活者として捉え直し、従来のような障害者のスポーツ実践における障害の規定力という視点に、生活の規定力という視点を加えて議論を進めてみたい。

2 分析の手続きと調査の方法

本章では、まず生活構造分析をもとに、地域で暮らす障害者とスポーツの関係について全体像を俯瞰する。そのうえで、ライフヒストリー分析を手掛かりに、障害者の地域生活におけるスポーツとの出会い、実践について具体的な知見を得ることとする。

第２章で指摘したように、これまでの生活構造分析に対しては、生活者としての個人と社会の結び付きを動的に把握する必要性が指摘されている。森岡は、実証レベルにおいて個人↓社会というベクトルの開示を確認していかなければならないとし、生活構造の時系列的分析が必要であるとしている（森岡、1992）。また、大久保は、ライフコース研究における事例分析の重要性を指摘している（大久保、1986）。本章では、特に地域で暮らす障害者とスポーツの接点を、個別具体的な場面で検討することを意図していることから、ライフヒストリー分析を取り入れることとした。

先に述べたように、すでに藤田や吉田らが障害者のスポーツ社会化過程についてライフヒストリーを用いた分析に取り組んでいるが、そこでは競技者としての障害者という視点が重視され、地域で暮らす生活者の姿はあまり見えてこない。また、スポーツ社会学領域におけるライフヒストリー研究の対象となる人は、いわゆる偉人・有名人、あるいは一定程度の競技実績のあるアスリートが多かった。それらは個性記述的な方法に基づく「異文化理解」に貢献するものとして理解される。しかし、川俣が述べるように、ライフヒストリー研究の対象者は偶然性によるものと、広い関心から徐々に浮かび上がるものがあり、それらは境界人、偉人、普通人に区分される（川俣、2002：45)。また谷は、ライフヒストリー研究の強みとして、「異文化理解」のほかに、量的調査との相互補完関係という視点から「仮説索出」と「類型構成」というもう一つの強みがあると指摘している（谷、1996：14)。本章では、地域で暮らす障害者を対象に、彼／彼女らがスポーツと出会い、実践していく過程に関する仮説索出を意図し調査を行うこととした。

具体的には、以下のような方法を用いた。

生活構造分析については、第1章と同様に、鈴木の使用した項目を採用した。また、障害者の生活状況を考慮した独自の項目を加えることとした。調査方法としては、アンケート調査（留置法・一部面接式）を用いた。[2] 対象は熊本県A町在住の15歳以上の障害者670名、[3] 調査期間は

２００６年11月から12月とし、回収数は３９２、回収率58.5％であった。調査項目は、基本的属性（性別・年齢・障害種・障害等級・障害発生時期・家族構成）、階層性（１ヶ月の小遣い）、移動性[4)]（車の免許の有無・外出状況）、公共性（理想の生き方・地域社会活動・近所付合い）、同調性（健康番組の視聴）、スポーツ実施状況で構成された。

さらに、障害者とスポーツの出会いや実践について個別具体的な場面から検討するため、半構造化インタビューを用いて対象者のライフヒストリーを記述した。ライフヒストリーとは個人の生活の過去から現在にいたる記録のことであるが、その基本的発想は生活構造を持続・変容過程としてとらえようというものである（谷、1996：８）。本章では、出生後から現在に至るまでの「家庭生活」「地域生活」「スポーツ実践」における社会関係・集団参与及び生活様式・理念について語ってもらうこととした。なお、ライフヒストリー分析で取り扱うデータには、実証的な調査研究の一部分としての位置づけをもち客観的な事実の収集を行うものと、正確な口述インタビューを通して対象者個人の世界観や生活観といった内面の世界を記述・分析するものがある（山中ら、2002）。ここでは事例分析による仮説索出を意図することから、前者の立場をとることになるが、山中らが指摘するようにこれら2つの方向性はともに絡み合い、方法的にも実践的にも分離することはできないと考える。

調査に際しては、本人に調査の趣旨を説明し録音の許可を得た上で、後日、逐語データとして書き起こした。収集された逐語データを調査者によって分節化し、コーディングによる概念化の作業を行った。具体的には、質的データの分析上のテクニックとして、グラウンデッド・セオリー・アプローチによるコーディング法を参照し、仮説的な説明概念としてのカテゴリーを生成した。[5] また、すべてのカテゴリーがデータに適合しているか、再度データに立ち戻り批判的検討を行った。対象者は、先のアンケート調査対象者の中から同意を得た17名とし、調査期間は２００６年12月であった。なお、本章においては、公開可能な5名についてのみ分析を行うこととした。[6]

3　A町と障害者の概要

熊本県の南部に位置する中山間地A町を事例地とした。A町は、西側の海岸沿いにある市街地近くまで急峻な山々が接近する厳しい地理的条件にある。そのため基盤となる地場産業を有することができず、旧5町村による3度（１９５５年、１９７０年、２００５年）の合併を経た現在でも、過疎・高齢化という課題がより深刻化している。[7] その背景の一つに、隣接するB市（県内有数の工業都市）やC市（中核都市）の存在が挙げられる。山中らの調査によると、[8] 同居人の就業先の45.4%がB市となっており、他出者の41.1%が１９８０年以降にB市またはC市に移り住んでいる（山中ら、2005）。つまり、A町では高度経済成長期における大都市圏への人口流出のあとも、B、C市へと人口が流出したため連続的な人口減少が進んだと考えられる。

しかし、別の視点からみると、１９８０年代以降にみられる日常的に行き来のできるB、C市への流出は、高度経済成長期における大都市への流失と異なり、家族生活における一定の関係性の維持が可能であることを示している。さらに、そのような家族や地域生活における関係性について、山中らの調査の中では次のような指摘がなされている。A町では、住民の地域に対する愛着度や幸せ度が高いことから、都市部の経済市場原理や貨幣経済とは異なる自立した生活基盤と豊かさが保障された暮らしの存在が推察される。それは地域の日常的な助け合いや連帯感、豊かな海山による食糧自給力、ゆったりとした時間の流れなどの多様な要素によって都市生活者とは異なる価値観の中での暮らしが営まれているからではないかということである。

このように、A町は脆弱な産業基盤と近隣都市への人口流出という社会構造上の課題と同時に、日常生活における関係性に基づく暮らしへの満足感が存在しているという地域特性を有している。

対象とするA町の障害者の概要を同町福祉課策定の『障害者プラン』（２００７）でみてみると、障害者の数[9)]は１９９１人で内訳は身体障害１６５３人、知的障害１８７人、精神障害１５１人となっている。等級別でみると、１・２級７３４人、３・４級６４７人、５・６級２７２人となっており、重度（1級・2級）の身体障害者が全体の約45％を占めている。障害別では、肢体不自由者が９２２名と全体の約56％を占めている。次いで、内部障害（約21％）、聴覚障害（約

表3-1　アンケート回答者の基本的属性（発生時期・家族構成除く）

N（%）

性別	男＝216（55.1） 女＝175（44.6） 無回答＝1（0.3）	年齢	50歳代以下＝136（34.7） 60歳代以上＝255（65.1） 無回答＝1（0.3）
等級	1・2級、重度＝166（42.3） 3級以下、中・軽度＝146（37.2） 無回答＝80（20.4）	種類（MA）	肢体不自由＝170（43.4） 言語・聴覚等＝76（19.4） 心臓腎臓等＝59（15.1） 知的・精神障害＝96（24.2） その他＝14（3.6） 無回答＝56（14.3）

14%）、視覚障害（約10%）、音声・言語障害（約1%）の順となっている。年齢別では、特に身体障害において、65歳以上の占める割合が約77%と高齢化が進んでいる。

アンケート調査の回答者の基本的属性（表3－1）をみると、60歳代以上が65.1%（高齢化）、1・2級の身体障害あるいは重度の知的・精神障害が42.3%を占めており（重度化）、障害の種類（肢体不自由が43.4%）なども含め町全体の障害者の特徴と同じ傾向にある。

4　障害者の生活構造とスポーツの関係

表3－2にアンケート回答者の生活構造を示した。ここに示すように、1ケ月の小遣いが1万円未満の者37.2%、一人で外出する者34.4%、外出しない者15.8%、免許を保有する者32.9%となっており、健常者と比較して相対的に下層に位置し、移動性が低いことが推察される。また、鈴木が現代社会の特徴と指摘した「私化・同調」と同じく、地域社会に対する公共性の志向の低さ（のんきに

表3-2　アンケート回答者の生活構造

N（%）

月の小遣い	1万円未満＝146（37.2） 1万円以上＝131（33.4） 無回答＝115（29.3）	地域社会活動	参加＝102（26.0） 不参加＝269（68.6） 無回答＝21（5.4）
外出状況	一人＝135（34.4） 家族＝116（29.6） 友人＝24（6.1） ボランティア＝36（9.2） サポートいない＝11（2.8） 外出しない＝62（15.8） 無回答＝8（2.0）	理想の生き方	社会＝26（6.6） 地域＝67（17.1） 正しく＝36（9.2） 勉強＝2（0.5） 金持ち＝4（1.0） 趣味＝30（7.7） のんき＝124（31.6） 無回答＝103（26.3）
免許所有	有＝129（32.9） 無＝247（63.0） 無回答＝16（4.1）	健康番組視聴	見て取入れる＝137（34.9） 見る＝99（25.3） あまり見ない＝64（16.3） 全く見ない＝43（11.0） 無回答＝49（12.5）
近所付合い	親しい＝164（41.8） 挨拶程度＝130（33.2） ほとんど無し＝34（8.7） 全く無し＝49（12.5） 無回答＝15（3.8）		

暮らす：31.6％、地域社会活動不参加：68.6％）と同調性の強さ（健康番組を見て取り入れる：34.9％、見る：25.3％）が認められる。

スポーツ実践者については、中山間地という地域構造の影響もあり、実践の量的側面は乏しく（週1日以上：22.2％、月に1～2回：7.1％、年に数回：6.9％）、その内容も入所者によるリハビリを中心とした施設内運動（39名）、高齢障害者によるグランドゴルフ（41名）やゲートボール（5名）、あるいは散歩（13名）と非常に限定的なものであった。近年、パラリンピックなどを中心に多くの障害者スポーツが話題になる中で、実際には地域で暮

表3-3　スポーツ実践者の生活構造

N（％）

月の小遣い	1万円未満＝27（31.0） 1万円以上＝36（41.4） 無回答＝24（27.6）	地域社会活動	参加＝37（42.5） 不参加＝40（46.0） 無回答＝10（11.5）
外出状況	一人＝39（44.8） 家族＝22（25.3） 友人＝6（6.9） ボランティア＝7（8.0） サポートいない＝2（2.3） 外出しない＝2（2.3） 無回答＝9（10.3）	理想の生き方	社会＝9（10.3） 地域＝24（27.6） 正しく＝11（12.6） 勉強＝0（0.0） 金持ち＝0（0.0） 趣味＝10（11.5） のんき＝13（14.9） 無回答＝20（23.0）
免許所有	有＝40（46.0） 無＝34（39.1） 無回答＝13（14.9）	健康番組視聴	見て取入れる＝36（41.4） 見る＝26（29.9） あまり見ない＝8（9.2） 全く見ない＝3（3.4） 無回答＝14（16.1）
近所付合い	親しい＝48（55.2） 挨拶程度＝26（29.9） ほとんど無し＝3（3.4） 全く無し＝2（2.3） 無回答＝8（9.2）		

らす障害者とスポーツの距離はいまだ遠いという事実をまずは確認することができる。では、少数ではあるがスポーツを実践している障害者の生活構造の特徴について確認してみたい。表3―3に、週1回以上スポーツを実践している87名の生活構造の概要を示した。階層的には、障害者の中では比較的上層に位置し（1ヶ月の小遣い1万円以上：41.4％）、車の免許を保有するなど移動性が高いこと（免許保有：46.0％、一人で外出：44.8％）、及び地域社会への公共性の志向が強い（親しい近所付合い：55.2％、地域社会活動参加：42.5％、社会あるいは地域のために暮らす：37.9％）傾向にあった。

5　障害者とスポーツの出会いと実践　―ライフヒストリー分析を通して―

Ａ町の障害者の生活構造分析を通して、スポーツと関わりのある障害者は比較的上層に位置し移動性が確保されていること、および自身の生活目標を社会化する方向に向かわせる公共化の志向性があることが分かった。次に、具体的な生活局面における障害者とスポーツとの関わりについてライフヒストリー分析を用いて検討する。まず、５人の対象者のライフヒストリーの概要を確認してみよう。なお、年齢等についてはすべて調査時のものとする。

事例１は、30歳代の男性である。鹿児島県生まれで車椅子を使用している（身体障害２級）。現在、70歳の母親と二人暮らしで、主に母親の年金で生計を立てている。鹿児島県の中学校卒業後に10年間塗装会社で働き、その後長野県の会社に転職（25歳）。29歳の時、仕事中に凍傷にかかり障害者認定を受け、同県の授産施設で印刷関係の仕事に就いた。その時、施設職員から体の大きさを買われ、障害者スポーツ大会への参加を勧められ全国大会に出場した。37歳の時に母親が高齢になったため、Ａ町に移り住むこととなった。Ａ町では、福祉課の紹介で、知的障害者短期入所事業等を提供する社会福祉施設で療法的園芸活動を行っている。月曜日から金曜日まで週５日間通い、施設からの送迎バスを利用している。在宅中は、外出はほとんどせずテレビを見て過している。

事例2は、60歳代の男性である。A町生まれで一人暮らし。弟が2人いたが、1人は5年前に亡くなり、1人はC市内に住んでいる。その弟から経済的援助を受けていたが、最近弟が脳梗塞を患ったため会っていない。小中学校では野球が得意だったが、B市の野球の強豪校に進学したあとは実力を発揮できなかったという。高校卒業後はA町の小さな会社に勤務したが次々に職を替えた。両親を40代で亡くし一人暮らしとなった。50歳過ぎて突然体が不自由になり、55歳ぐらいで脳の障害で体が麻痺し仕事は全くしなくなった。58歳から施設に通うようになったが、特に何かするわけではなく施設の行事や催しに参加している。今の生活には特に楽しみはない。最近、車椅子をやっとこげるようになったばかりで、危ないため外には出ないようにしている。施設に週の半分ぐらい通っている。自宅にいるときは毎朝7時過ぎにヘルパーが来て起床する。たまにテレビを見ることもあるが、ほとんど何もせず休んでおり、夜8時か9時には就寝している。

事例3は、40歳代の女性である。A町生まれで先天的な障害を患う。自宅に母（74歳）と暮らし、隣には兄夫婦も住んでいる。地元の小中学校を卒業後、C市内の高校に進学。高校卒業後は3年間家事手伝いをして家にいたが、地区の民生委員の紹介で、D市（A町から30㎞ほど離れた市）の授産施設に8年間勤務した。その後、自ら希望して熊本県E町にある大手の自動車製造業に半年間実習生として働きそのまま社員になった。E町の福祉ホームに入所し10年間勤務した。「流れ作業」を主な業務とし、経済的には比較的余裕があったという。40歳くらいで体調を崩したため、E町の会社を退職し自宅に戻った。自宅に戻ってからも、姪の子守りや兄のみかん畑の手伝いがあり、やることはたくさんあったという。44歳くらいのとき、現在の作業所の所長から誘いを受けて通うようになった。給料は授産施設にいた頃と同じくらいで、障害者年金もあり経済的な不安はないという。作業所には日曜を除き毎日路線バスで通っている。糖尿病を併発しているため食事制限をしながら、毎日バス停まで心がけて歩くようにしている。以前の施設（E町の福祉ホーム）の友人とカラオケに行ったりすることもある。田舎特有の近所づきあいもありみんな仲がいいという。地元の会合に出たり、老人会の旅行に一緒に連れて行ってもらったりしている。

事例4は50歳代の女性である。A町生まれで知的障害があるが、本人は自分の障害を認知していない。自宅で長男と二人で暮らしながら施設に通って作業をしている。小学校では普通学級に入学したが、小学5年のとき養護学校に編入、中等部まで進んだ。中学校卒業後は名古屋の紡績会社に就職し、後に岐阜県の会社へ転職した。22歳のときにA町に戻り、両親と暮らし始めた。近所の人の紹介で昭和59年（32歳）に結婚し2人の息子をもうけたが離婚した（時期は不明）。離婚後、両親に助けてもらいながら2人の子どもを育ててきた。現在、父は亡くなり母（91歳）は老人ホームに入っている。長男（21歳）も知的障害があり、中学を卒業後、県北にあるF市の授産施設で働いていた。しかし、母親が住みやすく知り合いの多いA町に戻りたいということがあり、二人で現在の住まいに戻った。施設には週に3回来て、休みの日にはダイエットのために始めたバトミントンを親子二人だけでやっている。C市の妹は、たまに母親の施設に連れて行ってくれることもあり、長男の障害年金の受け取り主にもなっている。お金の管理は近くに住む父の兄妹がしており、買い物に行くたびに払ってもらう。近所の人との付き合いもあり地区の寄り合いにも時々参加することもある。区長さん達などは心配して時々家に見に来られているという。

事例5は、80歳代の男性である。A町生まれで、妻と長男夫婦と孫の5人で暮らしている。尋常小学校、尋常高等小学校を経た後に16歳で公務員になり56歳の定年まで40年間勤務した。退職した後は友人の勧めで民間の会社で働き、その後、地元の地域役員を10年以上務めた。また、老人会の役員にもなっている。76歳の時に聴覚障害を患い障害者手帳の交付を受けた。現在は、補聴器をつけて生活し、A町障害者団体の役員を引き受けている。老人会へ参加していたこともあり、自身の健康や地域の人びととの交流のためにゲートボールやグランドゴルフを楽しんでいるという。障害者のスポーツ大会では優勝をしたこともある。地域の人との交流や、障害者団体の会員との交流を積極的に図り、町の活性化に取り組みたいと語っていた。また、町の福祉センターには、地域的な立場から役場との兼ね合いもあり、空いた日に顔を出す程度で通所しているという。

以上が、対象者のライフヒストリーの概要である。それでは、生活構造分析によって類型的に把握された特徴を手がかりに、生活者としての障害者とスポーツの出会いや実践という問題関心に引き寄せてカテゴリーを生成してみよう。

まずは、事例5に注目してみたい。彼は、現在、グランドゴルフやゲートボールを近所の人と楽しんでいるほか、これまで県や全国の障害者スポーツ大会での優勝経験を持つ。40年間勤め上げた公務員から民間企業への再就職、さらに退職後の地域や障害者団体での役職経験という経歴は明らかに他の事例とは異なる。夫婦二人で厚生年金を受給し、土地を所有するなど階層的には上層に位置しており、車の運転ができるなど移動性も確保されている。障害者施設への通所状況に関する質問に対して、

「(施設に来るのは)毎日ではなくて。役場との関係もあり、地域とのふれあいもあるし、例えばゲートボールとかあるでしょう。そのふれあいの場とかもあるので、それにも参加しなければいけません。(地域団体の)会長をしていた関係で友達も多いので、○○さん行きましょうと声がかかれば、わたしもスポーツなどは嫌いではないのでそれに行きます。ここ(障害者施設)はその合間、合間という感じですかね。(施設の人たちは)迷惑していると思いますが、忙しいものですから、まあ顔を出すという感じですかね」(括弧内は筆者、以下同じ)

と答えている。このように、彼の階層性や移動性といった生活構造上の特徴は、日々の暮らしにおける様々な活動を通すことによって、A町での彼の社会的位置を形作ってきたと理解される。

ところでブルデューは、行為者はいったいどういう論理に基づいて、ある特定のスポーツを選択するのかという問題に対して、行為者の生活スタイルの根源にあるハビトゥスに刻み込まれた性向のいかんによるという（Bourdieu, 1980）。そして、行為者が自らの置かれた社会的空間において所有する性向と、様々なスポーツが約束しているように見える利潤の間に確立されている〝近さ〟によって決まるというのである。事例5の彼は、スポーツをする理由について、

「今、（障害者団体の）長をしているでしょう、会員350人ばかりの。いろんな方にお会いできるわけですよ。それで、笑顔でお元気ですかとかいう、そういう優しい心をもっていなくてはいけないわけですよ。長になる人は特にそうですよ。そういう気持ちを持って、人に接しなくてはですね。そうしたらあとは人が喜んでついてくるのですよ。やっぱり健康じゃないとそういういろんなこともできないですね」

と答えており、彼の置かれた社会的位置（様々な地域役職経験）とスポーツ実践のもたらす人脈形成という利潤の〝近さ〟が示されている。

対照的に、事例2の「新聞もやめた、ラジオも聞かない」、「(家にいる時は）何もしない。(昼間から）寝ているわけではない。8時か9時には寝るし」、「(施設に来るのは）楽しくはない。別に楽しいこともないです」などの一連の発言はリハビリなどがもたらす身体的効果も含め、スポーツ実践の利潤と彼の置かれた社会的位置との間に緊密な接点は見られない。このような生活者の性向とスポーツ実践の利潤が取り結ぶ主体の行為力に着目し、スポーツ実践という社会的行為の選択における「主体の行為力の差異」というカテゴリーを生成することができる。

さらに、事例5の、

「役場からまったく離れる暇がなかった。これもですね、やっぱり地域の方も色々ありますので、誰かが人のためというわけではないですが、やってあげると喜んでもらえるのではなかろうかと思うし、自分も人間性をやっぱり勉強させられるわけですよ。人とのふれあいもあるでしょう」

という発言からは、スポーツ実践者の生活構造分析で明らかにされた「公共化の志向性」を確認することができる。しかし、ライフヒストリーのデータから読み取れるのは、それよりももっと具体化された実体としての関係性の存在である。彼のイエは先祖代々A町にあり、彼自身も戦時中を除きずっと同町で暮らしている。現在、子ども夫婦と孫の三世代で同居し、地域では共有財産としての土地（現在はゲートボール場）を管理している。また事例3の女性をみると、40歳代であるが地区の老人会の旅行に参加したり、隣に住む兄夫婦の子供の面倒や農作業の手伝いをしている。以前勤めた会社の友人とは今でも買い物やカラオケに出かけている。事例4の女性は、障害を持つ息子との強い関係性の中で暮らしているが、その周囲にはC市に住む妹や近くの叔父・叔母の支援あるいは近所の人たちの声かけなどが存在している。これらは、スポーツ活動レベルあるいはスポーツ活動を支える場面での直接的な関係性ではなく、地域で暮らす生活者が日々の生活の中で取り結ぶ関係性といえる。ただし、それはスポーツ活動を含めた諸生活行動の拡充の可能性を秘めた関係性と捉えることができる。

一方、事例1は、以前施設に入所していた時は全国大会に出場するほどの関わりがあったにもかかわらず、現在は授産施設での作業以外何も行っていない。他県出身で高齢の母親と二人暮らしの彼は、A町に移り住んでからは階層性・移動性の低下と同時に、施設や地域での関係性を築けない状況にある。それは彼の

「（施設での生活は）楽しいかどうかということであれば、まあ別に楽しくはないです。まあ、ちょっとときつい言い方ですけど、自分が機械使っている時とか仕事している時に、まあ一日中しゃべっていたりすると、詭りまる出してうるさいと思いながらやっていますけども」

という発言からも明らかである。このように日々の暮らしにおける具体的な関係性の存在こそが、地域で暮らす障害者がスポーツと出会う際の基盤となると想定される。そこでここでは「現実的な生活レベルでの人間関係の存在」というカテゴリーを生成することとした。

最後に、個別具体的な生活局面を動的に把握するというライフヒストリー分析の強みに再度注目してみたい。このことに関してジールとエルダーは、ライフコース軌道の差異に影響を及ぼす要素として「時空間上の位置」「結び合わされる人生」「人間行為力」「人生のタイミング」の4つを提示している。この中で「人生のタイミング」とは、人びとも集団もその目的を達成するために、外部の出来事のタイミングに反応し、利用できる資源を用いて出来事に対処し、行動することであるとしている（Giele/Elder, 1998）。つまり、他の3つの要素が実践へと結び付くためには、出来事のタイミングが不可欠であるということであろう。このことを参照するならば、例えば、事例1の「(長野の授産施設でスポーツを行ったのは）自分はもとからこういう体つきなものですから、まあ職員さんのほうで体力があるだろうから出てみたら」という発言。事例4が糖尿病になり医者に運動を進められた時、歩くのはいやだったが、息子に一緒にバドミントンやろうと誘われて始めたという事実。これらは、ごく些細なスポーツ実践ではあるが、まさしくスポーツと出会う「人生のタイミング」であったと理解される。これらのことから、スポーツとの出会いに関する「偶発的な出来事」というカテゴリーを生成することとした。

以上のように、本章では、まずA町における障害者の生活構造分析によって、障害のある人びとは階層性および移動性が低く、スポーツを実践している者の数が非常に乏しいという事実が明らかになった。さらに、スポーツを実践している障害者は、比較的上層に位置し移動性が確保されていることも分かった。このような現状を認識することは、障害者の生活実態にそれほど注意を払うことなく進められてきたこれまでの障害者スポーツ研究や障害者スポーツ振興策に対して重要な示唆を与える。理想論的に障害者スポーツにおけるノーマライゼーションやバリアフリーを説くのではなく、障害によって規定されている日々の暮らしとスポーツの関係が問われなければならないということである。

また、藤田や吉田らは、障害者のスポーツへの社会化には、家族を中心とする複数の「重要な他者」の存在や競技に向かう「前向きな心情」が重要であると指摘している。本章で明らかにされたカテゴリーに引き寄せてみるならば、「偶発的な出来事」を引き起こす「重要な他者」の存在であり、「主体の行為力」としての「前向きな心情」であるとも理解される。しかし、これらはいずれもスポーツ実践に直接関わる場面での（直接的なスポーツへの社会化の）要素として捉えられている。この点において、本章では生活者の視点から分析することによって、障害者のスポーツ実践にはその基盤となるような日々の暮らしにおける関係性が重要であることを示すことができた。

このように、障害者のスポーツ実践に関わる生活の規定性について明らかにすることができたが、一方で各事例からは、彼/彼女らの生活がやはり障害によって強く規定されているという事実も再確認される。しかし、そのような障害による生活への規定力は決して一面的な機能を有しているのではない。例えば、事例1、2のように周囲との関係性を確保することができず一個人として社会を生きなければならない状況では、障害はまさしく生活の「障害」となって立ち現われてしまう。一方、事例3、4、5のように地域の関係性の中で生き暮らしている障害者にとっては、時として障害が関係性を確保するための一つの拠り所（資源）[10]となっているという解釈も可能であろう。つまり、障害によって生活行動の制限など暮らしのあり様が規定されるものの、逆に暮らしのあり様が障害者自身における個別の障害の意味づけを可能にしていると考えられるのである。さらに、A町のような地域特有の共同性の存在（山中ら、2005）は、障害者を地域生活者としての関係的暮らしへとより強く導くものと想定される。このような生活者としての関係性の基盤のなかで、外部の「偶発的な出来事」のタイミングに反応し、利用できる資源を用いてその出来事に対処する「主体の行為力」によって、障害者はスポーツと出会うものと考えられる。

注

1）近年、社会学あるいはスポーツ社会学の領域においてこのような研究とは異なる取り組みも見られるようになった。藤田による近代スポーツの相対化への契機としての障害者スポーツ研究（藤田、1999）、阿部らの「資源としての障害パースペクティヴ」の提示（阿部ら、2001）、渡の「スポーツにおける障害観」に関する研究（渡、2005）などがある。しかし、いずれも制度的な障害者スポーツを実践する競技者を対象としており実践者の生の暮らしが見えるものではない。

2）調査の一部は、A町「障害福祉計画」に関わる実態調査によって行われた。

3）アンケート調査の対象者は、行政が作成した障害者名簿（身体障害者手帳、療育手帳所持者及び施設入所者の一覧）に記載された１９９１名の中から、名簿上の重なり（重複障害者など）を考慮したうえで抽出した。対象者の数は、回収率を事前に予測することが困難であったため、調査費用及び期間などの条件に応じて可能な限りの大きさ（６７０名）を設定した。

4）鈴木は社会構造への接触局面として流動性を設定しているが、障害者にとって様々な社会的・物理的空間における移動の経験（流動性）は、現実的には非常に制限されている。そこで、本章では社会構造への接触の可能性を示すものとして移動性（車の免許の保有及び外出状況）を設定した。

5）グラウンデッド・セオリー・アプローチとは、データの解釈から説明概念を生成し、そうした概念間の関係から人間行動について一つのまとまりのある説明図を理論として提示するものである（木下、2003）。

6）調査対象者の中には、データの公開について許可が得られなかった者や知的障害により客観的なデータの裏付けが取れなかったものがあったため、それらについては本章における分析対象から外した。

7）A町の人口は１９６５年の３万２６００人から２００５年の２万８６２人と大幅に減少している。また、高齢化率は33.1％（２００５年）となっている。

8) 山中らはA町の3地区を対象にした世帯調査（44世帯）およびソーシャルキャピタル分析（136名）を行い（アンケート調査を用いて2002年に実施）、山間地域の存続について検討している。

9) 重複障害者（約1割程度）および療育手帳を持つ知的・精神障害の施設入所者を含む延べ人数となっており正確な実数とはならない。身体障害者手帳の保持者と施設入所者の重複はない。知的・精神障害者には療育手帳を持たない者も多く、また調査自体の困難さもあり、その実態についてはあまり把握されていないのが現状である。

10) 阿部らが提示した、障害者の選択的な生き方において障害が多様な意味を持つとする「資源としての障害パースペクティブ」に通じるものである（阿部ら、2001）。

第４章　混住化地域の生活構造とスポーツ
―熊本県菊池郡大津町を事例に―

１　事例地について

本章では、熊本県菊池郡大津町を対象地域とする。大津町は、熊本市の東方約19㎞に位置し、古くから肥後と豊後を結ぶ豊後街道（現国道57号線）の要衝であった。同時に、阿蘇外輪西部に連なる広大な森林、緩やかな傾斜をなして広がる北部の畑地帯、阿蘇山を源とする白川の豊富な水資源を生かした南部の水田地帯を有する農林業の盛んな地域でもあった。現在はＪＲ豊肥本線が町中心部を東西に横断し、国道57号と国道３２５号が縦・横断すると共に、熊本空港、九州縦貫自動車道熊本ＩＣに近接する交通条件に恵まれ、県下でも有数の工業集積地域となっている。

町全体が、豊かな農業地帯から混住化社会を形成してきた大津町では、大幅に人口・世帯数が増加している。１９７５年には１万８０８６人（４６４２世帯）、１９９５年には２万６３７６人（８１８７世帯）、２０１０年には３万１２３４人（１万１４７８世帯）となっている。１世帯当たりの人員は減少（１９９５年：3.22人、２０１０年：2.71人）しており、都市的な小家族化が進行している。年齢構成（２０１０年）では、年少人口５１００人・生産人口２万１９０人・老年人口５８３７人となっており高齢化率は18.7％と、隣接する菊陽町に次いで熊本県内では２番目に低い。

さて、本章では、地域間の生活構造の差異とスポーツの関係を検討する。そのため、地域的な構造に鮮明な違いがある地区を比較することとした。具体的には、比較的地域の生活課題が明確化される「複合的混住化」[1)]の進んだ2地区（混住A・混住Bと表記する）、ほぼ旧農家集落で構成され「内からの混住化」が進む地区（農村と表記する）、全く新しい土地に形成されたニュータウン（団地と表記する）の４つの行政区を分析対象とした。対象地区の概要[2)]を確認しておこう。

混住Aは、２７８世帯、人口６０５人、高齢化率22.8％となっている。住宅構成は、戦前からの旧農家集落、戦後に移住してきた非農家集落（主に雑穀商や金物屋など）、築30年程度の一戸建て団地、近年造成された一戸建て団地・マンション等で構成される。旧農家集落は34世帯で、うち専業農家は3世帯である。天神祭などの伝統的行事は旧農家集落で存続している。

混住Bは、５０４世帯（実際に区費を払っている世帯は２５６世帯[3)]）、人口１４３３人、高齢化率8.4％となっている。旧農家集落の周囲に一戸建て団地とアパートが立ち並ぶ。大型の宅地開発ではなく、地主（旧農家集落住民）が農地を転用し、不動産会社に売却することで形成された。平地であったことと、町の中心部に近いこと、さらに、高校、中学、小学校、病院等が区内にあるということから急速に宅地化が進んだ。旧農家集落は、平場の農地と白川の豊富な水があり比較的裕福な農家集落であった。しかし、農業収益と比べて、土地売買による収益やアパート経営による収益の方が多いため、兼業化・非農家が進んだ。38戸あった農家が、現在では専業農家３戸、兼業農家10戸となっている。旧農家集落住民と子供会が連携し、伝統行事（モグラ打ち、子ども相撲など）を行い、来住者との交流を図っている。

団地は、１８０世帯、人口４８７人、高齢化率6.8％となっている。大型一戸建て団地とアパート（20戸程度）で構成される。30年ほど前に宅地開発が行われ、残りの区画は1～２区程度となっている。アパートの世帯は自治会には入っておらず、交流はほとんどない。開発当初から入居した住民を中心に開始された「ふれあいサンデー」という祭りを、自治会で継続して開催している。団地の自治会所有の集会場を建設し、交流の場としている。

農村は、76世帯、人口２４０人、高齢化率35.8％となっている。旧農家集落と６戸の宅地で構成され、旧農家集落は専業農家６戸、兼業農家34戸となっている。１か月に１回、地区の役員会を開催し、行事や役の相談、予算について話し合っている。役員会は、上、中、下の組に関係なく選出される区長、区長代理、会計に、各組３名及び宅地から１名の評議員を加え、構成される。地蔵祭り、子ども相撲大会などの伝統行事や新たな地区の祭りであるホタル祭りも、住民が主体的に運営している。宮座などの集落の役も存続している。

2　混住化社会の分析と調査の方法

本章では、これまでの用いてきた生活構造分析に加えて、混住化社会という事例地に応じた分析枠組みの検討が必要となる。

橋本（1985）によると、日本の都市社会学では、地域社会が理念としてのコミュニティ意識に裏打ちされた「市民」の居住する場になるかというコミュニティ形成論に主たる関心が置かれたし、逆に、農村社会学からのアプローチでは、自然村＝第一のムラの動揺・崩壊過程の中で、農民がいかにして生産と消費の共同体的主体者として成長しうるかの探求に力点を置いてきた。徳野（2002）も同様の認識に立ち、農村社会学系の村落構造分析と都市社会学系のコミュニティ形成論的分析の接点に位置する形で混住化社会の分析枠組みを提示している。徳野によると、前者は村落解体論的変動論、後者は社会関係・集団の形成力を分析していく手順をとる。本章では、この徳野の混住化社会の地域分析の枠組みを参考に、農村社会学系の農村集落構造分析と都市社会学系の来住者コミュニティ分析の両方から相対的に分析を行うこととした。

図４－１に示すように、徳野は、混住化社会の具体的な分析局面として、Ａ「混住化の直接的・物理的条件分析」、Ｂ「混住化コミュニティの現状分析」、Ｃ「地域組織およびリーダー分析」、Ｄ「混住化に対する行政対応の分析」の４つの局面を想定する。中でも、Ｂの「混住化コ

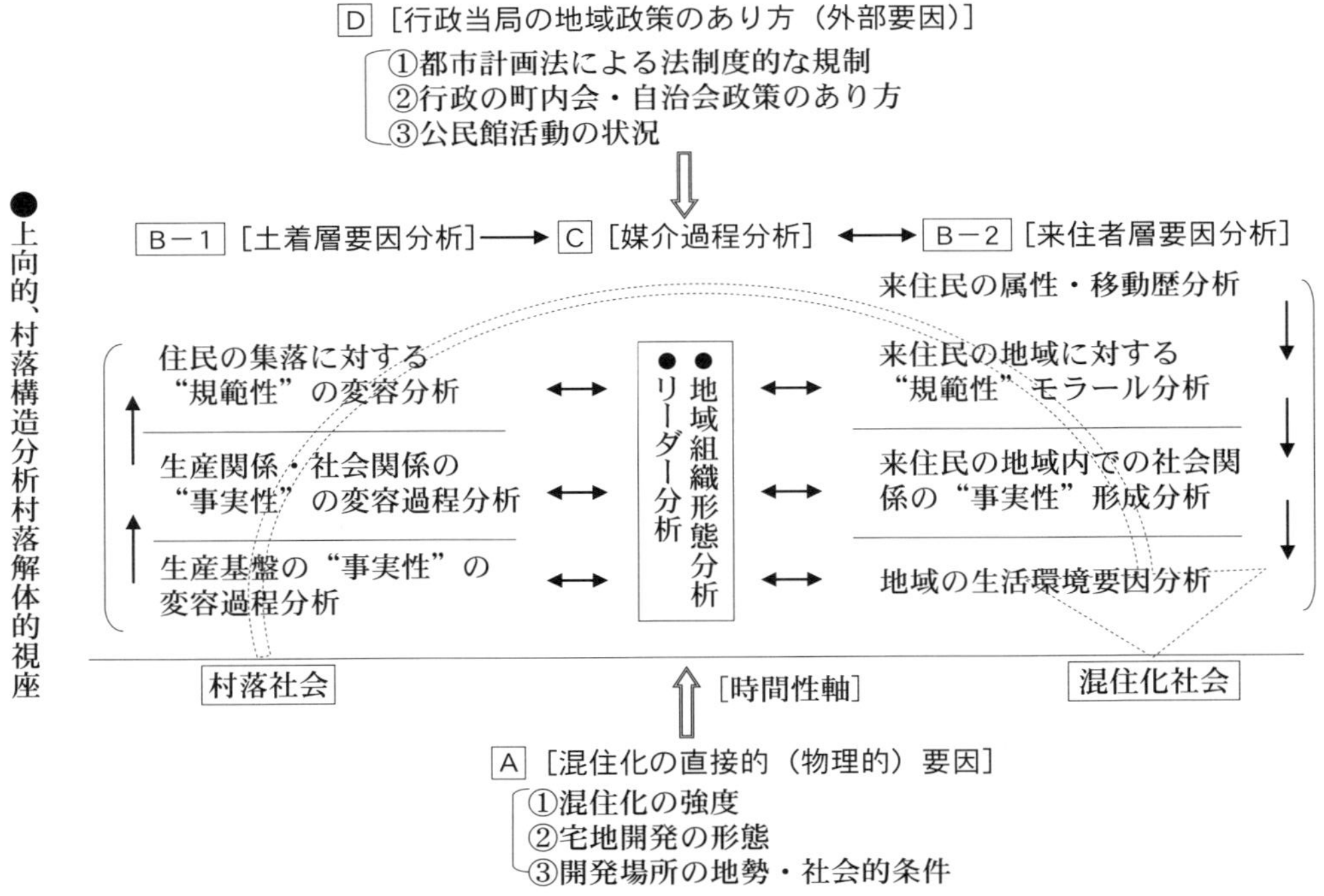
D ［行政当局の地域政策のあり方（外部要因）］
①都市計画法による法制度的な規制
②行政の町内会・自治会政策のあり方
③公民館活動の状況
●上向的、村落構造分析村落解体的視座
●下向的、コミュニティ形成論的視座
B－1 ［土着層要因分析］
C ［媒介過程分析］
B－2 ［来住者層要因分析］
住民の集落に対する“規範性”の変容分析
生産関係・社会関係の“事実性”の変容過程分析
生産基盤の“事実性”の変容過程分析
●地域組織形態分析
●リーダー分析
来住民の属性・移動歴分析
来住民の地域に対する“規範性”モラール分析
来住民の地域内での社会関係の“事実性”形成分析
地域の生活環境要因分析
村落社会
混住化社会
［時間性軸］
A ［混住化の直接的（物理的）要因］
①混住化の強度
②宅地開発の形態
③開発場所の地勢・社会的条件

図4-1 混住化社会の分析枠組み（徳野, 2002）

ミュニティの現状分析」が混住化社会分析の中心的部分をなし、そこでは農村社会学系の村落解体論的アプローチとしての「土着層要因分析（Ｂ－１）」と都市社会学系のコミュニティ形成論的アプローチとしての「来住者層要因分析（Ｂ－２）」の両方から相対的に分析が行われる。本章では、この混住化コミュニティの現状分析を参照し、スポーツ実践の社会的意味について検討する。なお、具体的な調査は、アンケート調査[4)]および聞き取り調査・資料収集によって行われた。

3 大津町住民の生活構造

(1) 回答者（地区別）の基本的属性

まず、アンケート回答者の基本的属性について確認しておこう。年齢については、50歳代が最も多かった。50歳代、60歳代をあわせると、混住Ａ51.4％、混住Ｂ53.2％、団地71.4％、農村62.3％だった。性別は、男性52.1％、女性47.9％だった。ただし、農村での男性の回答者の割合が82.2％と高かった。専業・兼業の農家の割合は、農村38.7％、混住Ａ5.8％、混住Ｂ10.8％であった。世帯年収は、200万円以上400万円未満30.0％、400万円以上600万円未満20.6％、600万円以上800万円未満21.0％であった。400万円以上で見ると農村が最も少なく（混住Ａ53.9％、混住Ｂ64.6％、団地61.4％。農村41.3％）、800万円以上では混住Ｂ及び団地が多いことが特徴的であった（混住Ａ7.9％、混住Ｂ22.8％、団地21.4％、農村10.3％）。世帯構成は、夫婦のみ20.6％、親子59.5％、三世

表4-1　地付－来住

N（％）

	集落内地付き	町内地付き	Uターン来住	Iターン来住
合計（325）	71（21.8）	67（20.6）	13（4.0）	174（53.5）
混住A（105）	18（17.1）	19（18.1）	6（5.7）	62（59.0）
混住B（92）	15（16.3）	15（16.3）	6（6.5）	56（60.9）
団地（83）	1（1.2）	32（38.6）	0（0.0）	50（60.2）
農村（45）	37（82.2）	1（2.2）	1（2.2）	6（13.3）

代10.0％であった。混住Aでは夫婦のみが30.1％と多かった。三世代については、混住A12.6％、混住B9.9％、団地4.9％、農村13.3％となっている。

地付―来住の別（表４－１）では、農村では集落内地付が82.2％と最も多く、混住Bでは16.3％、混住Aでは17.1％となっている。混住A、混住B、団地における来住者の約60％が町外からのIターン来住者であった。ただし、団地では同じ大津町からの移住者（町内地付）が38.6％であった。

大津町におけるイエ（家系）の年数では、農村では79.5％が先祖代々続く家柄であり、混住Bでは同じ先祖代々は31.5％で平成元年以降が49.4％という２層構造を示し、混住Aでは先祖代々27.0％、昭和36年～昭和63年21.0％、平成元年以降27.0％と断続的な移住（混住化）により地区が構成されたことがうかがえる。団地も同じような傾向を示すが、ニュータウン、つまり〝何もない〟地区に居住を開始した時期は昭和36年以降であり、言い換えれば、地付（町内）と来住者が同時に地区を構成した疑似的混住化地域ともいえる。

(2)　家族生活

家族に対する意識では、近代的な家族観としての「お互いの立場や意見を尊重すべき」という考え方について、「とてもそう思う」あるいは「思う」と回答したものが99.0％と非常に多かった。しかし、一方では、伝統的な家族観としての「親や年長者の意見を第一にすべき」という考え方についても75.0％と高い支持を得ている。また、家族に対する信頼度も96.8％と高く、全ての地区で同様の傾向にあった。

(3)　親族関係

親族が大津町に居住する者の割合は、農村が77.8％と最も多く、混住Aと混住Bがそれぞれ61.9％、58.2％、さらにニュータウンである団地は50.6％となった。このことからも団地は、まったく見ず知らずの来住者で構成されたニュータウンではなく、大津町において、一定程度の地縁・血縁的つながりを有する地区であることがうかがえる。親族との関係では、地区毎の差はあまりなく、約半数が「常日頃から連絡を取り合ったり、行き来がある」と回答し、密接な関係がうかがえる。

(4)　地域生活

近所付合いについては、「お互いの生活を大切にして節度を持って付き合う」と回答した者が

61.2％と最も多く、全体として「一定の距離間」をおいた関係性にあることがうかがえる。ただし、農村では、「心をうちわって、ざっくばらんに話したり相談したりする」と回答した者が17.8％と他の地区に比べて高かった（混住Ａ9.5％、混住Ｂ4.3％、団地7.2％）。逆に、「必要最小限のことに限って付き合う（挨拶程度）」と回答した者は、混住Ａ13.3％、混住Ｂ20.7％、団地16.9％、農村8.9％と農村が最も少なかった。

親しい友人関係では、地区毎の差はあまり認められず、70％以上の者が「たくさんいる」あるいは「いる」と回答した。前述の「近所付合い」の結果と合わせて考えると、人間関係の蓄積は、社会全体の流動化の影響のもと、近隣の地域よりも、その他の生活領域（例えば、学校生活や職場など）で行われているのではないかと推察される。

地域行事（表４－２）の有無については、団地では回答者の全員が、また農村では73.2％の者が「ある」と回答した。混住Ｂでは63.6％、混住Ａでは53.0％となっている。

地域行事への参加度（「ある」と回答した者の中で）でみると、混住Ａでは他地区と比較して積極的参加群と非参加群が多いことが特徴的である。しかし同地区は地域行事が「ある」と回答した者は53.0％しかおらず、このことを考慮すると一部の熱心な住民によって運営されている姿が浮かび上がる。さらに、具体的な行事の種類（図４－２）を見ても分かるように、「スポーツ大会」と「清掃活動」を挙げる者が多く、「地蔵祭り」、「天神祭」、「地神祭」といった伝統的地域行事を挙げる者を上回っている。地域行事に対する多様な認識と無関心さが大きな特徴といえる。

一方、同じ複合的混住化が進む混住Bでは積極的参加群が少なく、当日のみの参加者もあわせて46.4％しかいない。種類をみると「地蔵祭り」、「モグラ打ち」、「宮相撲」と伝統的な行事を挙げていることから、地域行事に対する地付・来住者層の分離として捉えられる。

全員が地域行事の存在を認識している団地では、積極的に参加と当日参加を合わせて75.6％と高く（全く参加しないは1.2％）、地域住民一体となった行事として「ふれあいサンデー」（宅地開発の当初から入居した住民がリーダーとなり始まったお祭り）が認識されていることがうかがえる。

回答者の73.2％が「地域行事がある」と答えた農村でも、積極的に参加と当日参加を合わせて71.0％と高く（全く参加しないは6.5％）、地域に根付いた行事の存在がうかがえる。その種類をみると、「ホタル祭り」「神社祭り」が多く、前者は行政支援のもと「大津町日本一まちづくりミニ特区事業」として２００４年から開催されている行事であり（事業終了後は、地区で独自に開催している）、後者は農家集落に受け継がれた伝統的行事である。

地域集団への所属（表４－３）をみると、農村では他地区と比較して神社の氏子・寺の檀家や商工会・農協等への所属が多く旧農家集落の特徴を表している。団地では伝統的な地域集団が存在しないため町内会・自治会への所属が多い。混住Bと混住Aでは所属なしの割合が比較的多く、特に混住Bでは町内会・自治会への所属も少ない。このように、先の地域行事の在り方と同様に、

表4-2　地域行事

%

	地域行事の有無		地域行事への参加度			
	ある	ない	準備から運営まで積極的に関わっている。	だいたい当日は参加している。	あまり参加していない。	まったく参加していない。
合計	71.2	28.8	18.9	47.7	23.0	10.4
混住A	53.0	47.0	30.2	41.5	9.4	18.9
混住B	63.6	36.4	7.1	39.3	35.7	17.9
団地	100.0	0.0	18.3	57.3	23.2	1.2
農村	73.2	26.8	22.6	48.4	22.6	6.5

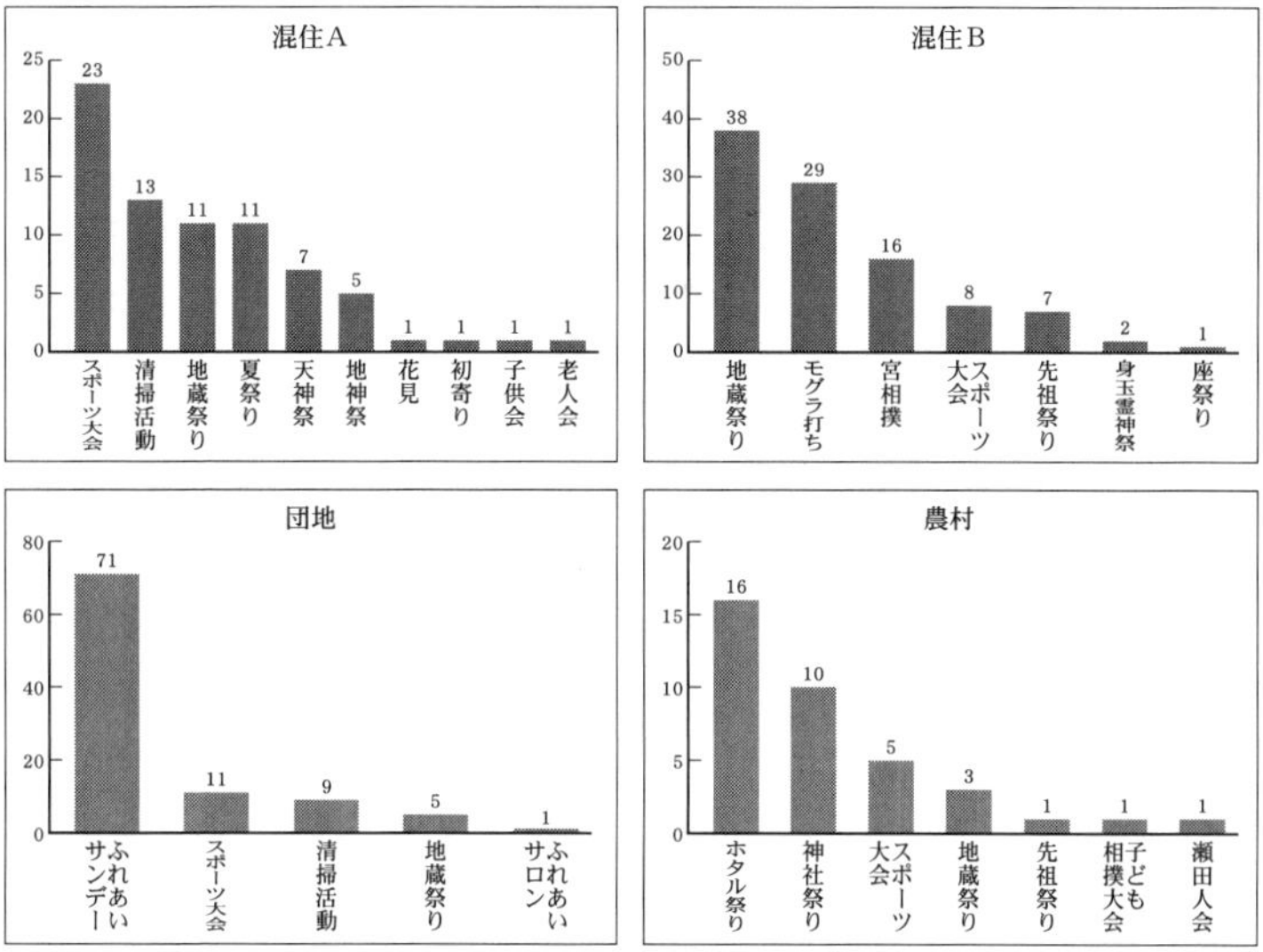

図4-2　地域行事の種類

表4-3　地域集団への所属

%

	町内会・自治会・防犯協会	PTA・子ども育成会	地域婦人会	地域青年団	消防団	老人会・老人クラブ	神社の氏子会・寺の檀家や講	商工会・農協・漁協など同業者組合	スポーツ・趣味・娯楽の団体サークル	文化・学習サークル	所属なし
合計	48.5	13.8	2.8	0.9	2.5	6.1	12.9	8.3	28.2	4.3	17.8
混住A	50.5	13.3	1.9	0.0	1.0	6.7	12.4	7.6	27.6	3.8	20.0
混住B	35.9	16.3	3.3	3.3	2.2	5.4	16.3	7.6	28.3	4.3	23.9
団地	69.0	11.9	4.8	0.0	0.0	3.6	1.2	1.2	28.6	3.6	13.1
農村	31.1	13.3	0.0	0.0	11.1	11.1	28.9	24.4	28.9	6.7	8.9

地域集団への所属についても各地区の地域構造の影響を強く受けていることが分かる。

ところが、「スポーツ」についてみると、先の地域行事では全ての地区で「スポーツ大会」を地域行事と認識している者が一定程度存在しており、また地域集団では全ての地区で同じような割合でスポーツ集団に所属している者が存在している。このことは、生活者の暮らしにとって、スポーツは地域構造の影響をそれほど受けずに普遍的に浸透していくことを示唆している。また、地域行事への無関心層の多い混住Aで「スポーツ大会」を地域行事として捉える者が最も多かったことからも分かるように、地域の紐帯となるべきものが何もないような状況では特に「スポーツ」がその重要な役割を担うのではないかと推察される。

(5)　コミュニティ・モラール

コミュニティ・モラールとは、地域社会に対する積極的関心の度合いのことであり、鈴木（1986）によると、「コミュニティの知識・関心」、「一体化の感情・受益感（評価度）」、「参加度」の３つの要素を総合したものとして捉えることができるとされている。

「コミュニティの知識・関心」は、「地区の範囲」「シンボルや誇りの存在」「リーダーの選出方法」で構成される。以下では、「とてもそう思う（詳しく知っている）」と「そう思う（知っている）」を合わせた割合についてみていく。

「地区の範囲」については、団地と農村で高い数値を示した（混住Ａ66.1％、混住Ｂ77.2％、団地94.0％、農村88.4％）。前者は造成された宅地団地であり、後者は旧農家集落が中心となっており、地理的構成が明確であったことが影響している。その点、混住Ａは旧農家集落の周囲に、旧道沿いの商工業店、古くから造成された宅地、近年建設された集合住宅などが順次組み込まれ複雑な地理的構成を成しているため、最も低い数値になったと思われる。

「シンボルや誇りの存在」については、どの地区も低い数値を示した（混住Ａ37.7％、混住Ｂ23.8％、団地45.5％、農村33.7％）。いずれの地区にも伝統的な地域行事（宮相撲、神社祭り、地蔵祭りなど）や新たな地域行事（ふれあいサンデー、ホタル祭り、スポー大会）、さらには様々な共有財（神社、お宮、自然的環境、集会場など）が存在しているが、地区のシンボルや誇りとなるまでには至っていないことがうかがえる。そのような中においても、団地が最も高い数値を示していることは注目すべきことであろう。

「地区のリーダー（自治会や町内会、婦人会の役員など）の選出方法」については、団地とともに農村が高い数値を示した（混住A45.2％、混住B46.7％、団地91.5％、農村85.4％）。これは、いわゆる「グッド・コミュニティ」（金子、1982）としての要素を示す団地と、旧農家集落から引き継がれた「顔の見える」関係性が基盤となっている地域共同体的な農村とでは大きく性質が異なるものであると考えられる。

次に、「一体化の感情・受益感（評価度）」では、「住みやすい環境」および「永住希望」の項目において、いずれの地区も比較的高い数値を示した。中でも、混住Bは、その地理的環境の快適性（病院、学校、ショッピング、交通など）から、「住みやすい」と答えた者が、「とてもそう思う」と「そう思う」を合わせて92.3％、「永住希望」も84.8％と高い数値を示した。ところが、「この地区に住んでいるみんなは、お互いに何かと世話しあっている」という一体感の感情については、「とてもそう思う」と「そう思う」を合わせて45.6％と最も低い評価となった。他の地区を見ると、混住A59.8％、団地71.4％、農村76.2％となっており、特に団地・農村で高い値を示している。「グッド・コミュニティ」としての団地や地域共同体的要素を残す農村と比べ、混住地区は実質的な一体感が乏しい状況にあるといえる。

最後に、「地区に対する参加度」では、地区間で大きな差は認められなかったものの、混住Ｂではいずれの質問項目（「地区のために役立ちたい」「地区の行事に積極的に参加したい」「生活改善のために行政に働きかけるべき」）でも最も低い数値を示した。一方、混住Ａは、先に見たように「コミュニティの知識・関心」や「一体感の感情・受益感」が低かったものの、地区への参加度は比較的高い数値を示した。これは、多様な住民層と地理的構成で成り立つ混住Ａでは、様々な価値観が渦巻く一種のアノミー的状態にあるものの、旧農家集落の急激な衰退と居住期間の長い宅地住民及び近年のマンション住民の勢力拡大により、次第に個人的関心をベースにした要求行動が現れるようになったのではないかと推察される。また、地域生活の関わる課題（農業収入の減少、道路や交通機関の未整備など）を抱える農村では、行政に対し生活改善を強く求める層が一部に存在しており（混住Ａ13.5％、混住Ｂ14.3％、団地13.3％、農村32.6％）、旧農家集落住民に引き継がれた価値意識と理解される。

4　各地区の生活構造の変容過程

(1)　各地区の生活構造の特徴

各地区の生活構造の変容過程について検討していく前に、前節で明らかになった各地区の生活構造の特徴についてまとめておこう。

混住Aは、地区住民の生活構造や価値観が多様であり、コミュニティ・モラールは高いものの、地区全体の一体的感情や結合度の低い地区である。地区のシンボルとなるような地域行事が存在せず、地域活動も二極化している。しかし、旧農家集落や宅地団地などのそれぞれの居住区域での行事や地域活動の存在が認められ、その中で一定の関係性が確認される。一方で、大津町に親戚が居住し、比較的緊密な関係性を維持している者の割合も多い。つまり、混住Aの住民にとってのコミュニティ感覚は、それぞれの個人・世帯の生活構造や規範に規定され、行政区よりも小地域の生活空間において認識されるか、あるいは、行政区を超え大津町という枠に内包されつつあるといえる。

同じ混住化地域である混住Bも、旧農家集落の周辺に急激な宅地造成やアパート建設が進んだ点では同じ状況にあるものの、地勢的に平場で中心市街地に近いことや、農家自らが農地を資産として積極的に活用したという点で、混住Aとは大きく異なる。住民の生活満足度が高く、コミュニティ・モラールも比較的高いが、実質的な一体感は乏しい。旧農家集落の住民が子供会などと協力し、伝統的行事（宮相撲、モグラ打ちなど）を運営するなど、いわゆる新たなコミュニティ形成への動きもみられる。

いわゆるニュータウンであり、何もないところにほぼ同時期に入居した世帯が多い団地は、混住AやBと比較して、それほど劇的な空間的・社会関係的な変化が生じているわけではない。居住後20年～30年以上経過する世帯も多く、町内地付の者の割合も多いことが分かった。また、地域行事が根付き、地区住民のコミュニティ・モラールも高いといえる。先住者をリーダーとする開かれた地区運営が行われており、「グッド・コミュニティ」としての様相がうかがえる。

内からの非農家化が進行する農村は、生活構造や規範の変容が認められる。一方で、地区では1か月に1回、地区の役員会を開催し、行事や役の相談、予算などについて話し合いがもたれている。また、地蔵祭り、子ども相撲大会などの伝統行事や新たな地区の祭りであるホタル祭りも集落の住民が主体的に運営している。宮座などの役も存続しており、非農家化による生産基盤及び生活様式の変容は避けられないものの、地区住民は、集落の持つ機能を十分に評価しており、地域活動にも積極的参加している。少ない世帯数で構成されるため「顔の見える関係」が維持されていることもあり、地区としての一体感や地域生活の実体感が醸成されている地区といえる。

(2)　各地区の生活構造の変容過程

混住Aは、戦後まもなくは36戸の農家のみで構成された農家集落であった。畑作農家が大半で、農地も大きいところで1丁程度（うち田は2反程度）であった。川筋にある集落（混住Bなど）のいわゆる「大百姓」と比較して、「小作百姓に毛の生えた程度」と区長は評している。そのような貧しい農家集落の周辺に順次宅地開発が進み、複数の団地やアパート・マンションが建設され、農家集落の非農家化とあわせて複合的、スプロール的に混住化が進んだ地区である。

来住者の拡大は現在でも進んでおり、旧農家集落以外の戸数が２００戸以上にも上る。来住者が拡大していく中で、区の運営のあり方について、区長は、

「今から入ってくる人は、都会から企業とかに来る人でしょう。だからいろいろバランスを取るのが難しいですね。古い団地は割と良いのですが。地区の行事とか町の行事とかにも、強制的に来てもらうように前もって文書で配るようにしているんですよ。区費とかいっても払わないからですね」


と難しさを語っていた。

一方で、旧農家集落では今でも「コウジンサン」などの宮座を組ごとにまわす慣習などが維持されている。組長は、「そういったことは昔から欠かさずやっていますね。団地の人たちは知りもしないでしょうし、全く関係ないですね」と語っていた。そのような慣習はその他にも見られ、共有地の管理、墓地組合の運営、祠の管理（地鎮祭）など複数にわたる。また、地区の中には、旧農家集落だけで構成される自治会が組織されており、町の補助金を受けて集会場を建設している。それについても、

「区ではなく部落で、ですね。ただ、書面上が「○○（混住Aの地区名）自治会」という名称ですね。しかし、集会場はうちだけのものです。ここだけでないとあとあと問題が起こるからですね」

と語っている。

旧農家集落の独自の価値意識と一定の共同性が存在する一方で、混住Ａという区全体では、いわゆる典型的な新旧住民対立の課題だけでなく、新たな生活課題も生じている。例えば、スプロール的な宅地・マンション開発と急激な道路整備により、長く行われてきた地蔵祭りが中止になったり、熊本市まで買い物に行く人が増え区内の商店はほとんど閉めたままになっている。また、団地やアパートに住む人はほとんどが本田技研[5]あるいはその下請け会社の工場で働いており、生活時間の相違から消防団などの地域組織の維持が非常に困難な状態になっている。１９７６年の本田技研の進出は大津町にとって大きな財政基盤（財政力指数熊本県第一位、普通交付税交付金不交付団体）となっている一方で、様々な生活構造の変化をもたらしたということであろう。

このことについて区長は、

「大津の場合ですね、いきなり、本田が来て、ごっそり農家の長男も次男もとられたからですね。

いっきに変わりました。担い手を一気に取られてということですね。それから変わってきました。それまでは、天神祭もその他にもいろいろ行事があっていたのですよ」

と語っている。

一方、混住Bの旧農家集落は、もともと平場の農地と白川の豊富な水があり、比較的裕福な農家集落であった。しかし、農業収益と比べて、土地売買による収益やアパート経営による収益の方が多いため、兼業化・非農家が進んだ。38戸あった農家が、現在では専業農家3戸、兼業農家10戸となっている。現在のように宅地化、市街地化された住環境について区長らは、「愛着心があるし、また環境的に買い物は近いし、病院は近いし、交通便は良いし、学校も近いし、歩いて行けますからね」と高い評価を与えている。

しかし、住環境が整備されていく中で、農業が衰退していく現状については、「こういう環境で田畑はだんだん減るばかりで、後継者もいない」、「農家で生計を立てようなんて100％無理」と評しつつ、残された農地（22丁程度）を兼業で維持している。インタビューに応じた3名も多額の家賃収入を得ているが、農家自らが混住化への道筋をつけざるを得なかった状況を、

「もともと、田んぼの圃場整備なんかも入っていたのですよ。でも、私たちがこれはもったいな

いということで、自分たちの資産を活かそうということで圃場整備から外したのですよ。そこから不動産業者が入ってきて、段々増えて、バブルの時代になって、もう売ったが良いぞということになってですね」

と語っている。

順次整備された宅地に住む世帯は、大きく４つの層に分類できる。「一戸建てに住む町外からの来住者世帯」、「一戸建てに住む町内からの来住者世帯」「旧農家集落の分家世帯」「集合住宅世帯」である。これらに「旧農家集落」を加え、空間的にも関係性という点においても区別される。世帯数では圧倒的に「集合住宅世帯」が多いものの（現在２４８世帯）、これらの世帯は自治会費を払っておらず（オーナーがまとめて支払う）、入居世帯との面識や交流は全くない。また、宅地に家を構えた農家の分家は、旧農家集落の「座祭り」に加わることができない。神社の氏子で運営されており、氏子には墓地の権利が発生するため、墓床に制限をかける意図で排除されているのである。旧農家集落と来住者世帯との関係でいえば、「モグラ打ち」や「宮相撲」を通して、交流が図られているものの、実際には地域への関わり方という点において明確な格差がある。

このことに関して区長は、

「新興は今の世代で終わりだろう。だいたい、1世代ぐらいの家しか建てていないから。だから、伝統を守っていくのはこの村にしかできないんですよ。本村だけが、地蔵祭りとかモグラ打ちとか宮座とかきちんと回しているから、新興住宅の新しく入ってきた子どもたちも、一緒になってそういうのに参加できるんですよ」

と語っている。

そして、旧農家集落の人々は、区の運営に関しては、世帯数では圧倒的に多い新興住宅よりも、彼らがその中心にあるべきだと考えている。区長の選出についても、

「本音を言いますと、何としてでも区長はこの村から取っていかなきゃいけないです。それは、早い話、選挙でもしたら、あっちが頭数は多いから、あっちが取りでもしたならば、それは、伝統も文化もどんなになるか分かりません。いわゆる自分の勝手なことばかりしかできないような人が、隣近所のことも分からないような人がリーダーでもなったりしたら、なんでもかんでもやりだすかもしれないということで、それだけは、正直な話、本村の者はみんなそんな思いです」

と語っている。

　このように、混住化地域におけるいわゆる典型的な課題としての新旧住民の交流の困難さが指摘される。しかし、このような課題は大きく表面化されることはなく、現実的なレベルでの地域活動（宮相撲やモグラ打ち）が、新旧住民の交流を通して（特に子どもを介して）続けられている。区長は、

「本村には子どもが何人もいないでしょ。後継者がいないんですから。しかし、区全体では子どもも１００人超えているし（旧農家集落では5～6名）、その6年生の親が会長になって、地蔵祭りもモグラ打ちも一緒に準備しているんですよ。私たちが若い時は、本部落だけでは何もできなかったのですよ。隣りの区と何でも一緒にやっていました。親子ソフトボールも合同でチームをつくらないとできなかったこともあります。それが今では、１００人もいるんですよ。少々力のある子でも選手にはなれないほどです。町の運動会でもほとんど一番ですよ」

と語っている。農家としての跡取り（子ども）のいない旧農家集落の伝統行事が、子どもを多く抱える新興住宅世帯の存在によって支えられているのである。

　次に、団地についてであるが、本田技研の操業に合わせ１９７０年に開発された大型宅地団地の隣接地に、１９７５年に新たに開発され、当初30世帯ほどが入居した。その後、続々と入居者

が増える中で２００７年に行政区の再編により独立した区となった。開拓当初より入居した30世帯が中心となり、先に開発された宅地とは別に自治会を組織し、地域活動を展開していたため、２００７年の区割りで独立した形となっている。その際、独立の引き金となったのは町が制度化した「特区制度」であった。「特区」の補助金が各行政区に支払われるが、当時の区内には２つ宅地団地にそれぞれの自治会が存在していた。先住者のリーダーシップのもと積極的な活動を展開していた本団地自治会が、行政サイドへ働きかけ独立した経緯がある。

居住空間としては、町の市街地北部の高台に造成された宅地であることから、団地近辺に商店や病院はほとんどなく、公共交通機関もないためそれほど利便性のある地域とは言えない。団地前の道路は阿蘇地域に向かう県道であるが、５年前に開通したばかりで、それまでは団地の前で行き止まりとなっていたため比較的閑静な場所であったという。しかし、県道として開通後は、観光地阿蘇への近道として利用されることが多く、区長は「高速道路」みたいですよと述べている。

住民の地域との関わりについては、世代的に比較的若い層がいることから希薄な部分はあるが、全体的には交流や連帯感が存在していると評している。そして、今後の地区の展望についても、「今までが皆が若かったということもあって、そこまで区のことに関われる人がいなかったんですね。最近、少しずつ定年退職者とかが増えてきているから、これからはまだ見つかり易いんじゃないかと思いますよ」

と語っている。

最後に農村についてであるが、区長が「専業していても後がいないんですよ。私もですけど自分でやっていても後がいないのがほとんどですね。自分たちの年代だけですね、3、4人専業でしていますけど、誰ひとり後継者はいないんですよ」と語るように、集落の非農家化がかなり進んでいる。国際的な価格競争や大資本の参入による零細農家への影響は大きく、農家集落の先行きに大きな不安を抱えている。このような兼業化、非農家化といった就業構造の変化は、これまで生産組織と生活組織が一体化していた集落の社会生活にも大きな変化をもたらすことになった。集落では婦人会も解散し、消防団の団員確保も困難な状況にあるという。

地域の生活が変容していく中で、集落の人びとあるいは家々を歴史的・空間的に関係づけてきた仕組み（例えば、共有林の維持管理、農業委員会の権限、地蔵祭り、子ども相撲、ホタル祭り）がいまだに維持・機能しているという事実も確認される。それらは、農村という明確な空間的範域と「相互認識される人びと」（徳野、2011）の存在によって維持されている。また、非農家となった家であっても、農的暮らしの空間に暮らし続ける人びとにとっては、集落の財産はいまだに重要な意味を持ち続けていると思われる。共有林の維持管理はもとより、そこから得られる収益（材木の値段が下がったと言っても、これまで数百万円単位の収益があったという）に絡む家々の関係性は、長い集落の歴史のなかで築かれたものであり、このことが集落の凝集性の強さの一因にもなっていると思われる。

5　各地区のスポーツ実践の様相

まず、各地区のスポーツ実施状況（表4－4）を確認しておこう。定期的なスポーツ実践者（週に1回以上）の割合をみると、混住Aが42.7％と最も多く、農村が28.6％と最も低かった。実施相手については、全体として近年の強い健康志向の影響を受け「一人」で行う者が多かった。

地区ごとにその特徴を見ていくと、混住Aでは、様々な家族観や近隣志向性の違いが存在しているため、スポーツを一緒に行う相手についても「一人」「家族」「近所の人」に分散したと考えられる。このような状況はニュータウンでありながら、順次に疑似的混住化地域を形成してきた団地でも見られる。混住Aと同じく複合的混住化地域であるがその形成過程が異なる混住Bでは、「近所の人」と行う者の割合が少ない。これは急激な農家集落の衰退と近年の新興住宅の拡大に伴う近隣志向性の減退が影響していると考えられる。一方、主に旧農家集落で構成される農村では、様々な形で近隣関係が残存していることから、他の地区と比較して「近所の人」と行う者の

表4-4　スポーツ実施状況

%

	スポーツの実施率				スポーツの相手			
	1週間に3回以上	1週間に1～2回	月に1～3回	非実施	一人で	家族	近所の人	会社の同僚や友人
合計	16.4	19.6	21.1	42.9	38.8	24.0	20.8	16.4
混住A	17.5	25.2	15.5	41.7	34.4	26.2	23.0	16.4
混住B	13.6	18.2	27.3	40.9	40.7	27.8	14.8	16.7
団地	17.9	17.9	20.2	44.0	41.7	22.9	20.8	14.6
農村	16.7	11.9	23.8	47.6	40.0	10.0	30.0	20.0

割合も多い。しかし、少子、高齢化、跡取りの流出による家族の極小化という構造的変化は避けられず、「家族」と行う者の割合は少ない傾向にある。

このようなスポーツ実施状況について、先に示した地域住民の生活構造に照らし合わせると、以下のことが指摘できる。まず、先の結果から、全ての地区で「スポーツ大会」を地域行事と認識している者が一定程度存在しており、地域集団では全ての地区に同じような割合でスポーツ集団に所属している者が存在していることが分かった。その中で、地域行事への無関心層の多い混住Aは、「スポーツ大会」を地域行事として捉える者が最も多く、定期的スポーツ実践者の多い、いわば〝スポーツの盛んな地区〟といえる。しかし、スプロール的に混住化が進んだため地区全体の統一感や連帯感は乏しく、スポーツ活動そのものは、自立した個人の生活拡充のための活動として浸透している。同じく混住化地域である混住Bでは、近隣関係が減退し、健康志向を中心とした個人的あるいは家族内のスポーツが実践されており、旧農家集落と新興住宅の住民をつなぐ地域行事（地蔵祭り、モグラ打ち、宮相撲）が存在するなかでは、スポーツ行事に対する地域行事としての認識は薄い。

一方、生活構造の現代的影響を受けつつも、古くからの共同体的関係を引き継ぐ農村や、宅地開拓当初からの入居者をリーダーとし積極的な地域づくりに取り組んできた団地では、地域の祭り（ふれあいサンデー、ホタル祭り）や共有財産（集会場、山林）を有しており、スポーツそのものは地域社会においてそれほど重要な位置を占めていないように見受けられる。

以上のように、各地区住民の生活とスポーツ実施の関係を捉えることができる一方で、聞き取り調査を詳細に分析していくと、それぞれの地区におけるスポーツの持つ社会的意味が異なることが分かる。次にそのことを確認してみよう。

6　混住化地域における生活構造の変容とスポーツの関係

先に述べてきたように、混住地区と比べて団地および農村は、日ごろから安定した関係性が存在しており、比較的地域活動が盛んな地域と言える。例えば団地では、毎月1回必ず自治会の役員会（役員および組長が参加）が開催されており、年1回の総会（1月）や「ふれあいサンデー」（9月）という地区の祭りを実施している。清掃活動についても「5月から12月まで、月に1回。全員に近い人が、公園とかに集まっていますね。そういうところに話の場というのはありますね」と語っている。その他、手作りで地蔵小屋をつくり町全体の地蔵祭りに参加したり、団地開発当時に作成された自治会規約は他の地区の規約のモデルになっている。

このような団地の自治機能の充実ぶりは、地区の側溝浚渫に関する「やっぱり、他の地区にないのが、道路の側溝浚渫ですね。どこでも行政に頼んでいますからね。だいたい行政に頼んで良いのですけど、自分たちでしようと。これはよそにないと思います」というコメントにも現れている。これらの活動を支えてきた要因として、リーダー（先住者）の存在や「軒数的にもちょうどまとまり易いしですね。地理的にも範囲がはっきりしているし、これ以上増える要素もないしですね。一番良い状況ですね」と語るような明確な範域、さらに集会場という共有財産の存在が挙げられる。

同様に農村においても、昭和初期から始まった共有林の維持管理と強烈なリーダーの存在[6]がある。また、ムラとしての空間的構造は明確であり、それは農振地域指定とそれに伴う農業委員会の権限などにより制度的にも安定している。そして、そのことが混住化への道筋を回避させてきたという側面もある。自治会では、区費を年間1戸あたり6０００円～８０００円徴収し、総会費用、水防予算、道普請、公民館の管理費などに使用している。その他、伝統的な地蔵まつり、子ども相撲大会、ホタル祭りなどを実施するなど自治会活動も充実している。前述したように、兼業化、非農家化による地域集団や会合（役）の減少は避けられないものの、ホタル祭りなどの新たな地域行事への取組や子ども相撲大会を存続させるためにムラから嫁いで出て行った子供などを参加させるなどの工夫により、集落内の人びとの関係性が維持されている。

どちらの地区も相互認識が可能となる明確な共同的空間とリーダーの存在により、自治的活動が維持され、安定した人びとの関係性が保たれている。このような地域にとって、スポーツ実践はどのような位置にあるのであろうか。

団地では、開発当時から結成され、今も活発に活動するソフトボールチームがあるが、それについて以下のやり取りがあった。


「団地の人の集まりというと、ソフトボールの愛好会がありますよ。」

「自治会の中にということですか?」

「いや、自治会ではなく、団地の中で。」

「それは練習とかもあるんですか?」

「そうです。練習もしていますよ。練習もして飲み会もしていますよ。試合で勝っても負けても終わると必ず集会場で飲みますから。昔は集会場がなかったからですね。部員の家のところにローテーションを組んでですね。そうすると、例えば家族全部分かるわけですよ。そういった意味では、迷惑だったけども、良かった面もありますね。」

このようにソフトボールチームでの活動は、地区の自治会という地域全体との関係で捉えられるのではなく、あくまでも団地内の同好の集団活動と認知されており、[7] 集団内部における親交的コミュニティという側面が前面に出ている。チームが結成された理由についても「ソフトボールが町のほうに協会もあって、結構数も多かったからですね。まあ、手頃なスポーツだからですね」と答えるように、特にスポーツ（ソフトボール）に対する地域的な期待があったわけではない。

このことは、隣の地区で盛んに行われているグランドゴルフについても、「○○地区はミニ特区事業で何もすることがなかったので、とりあえずグランドゴルフでもやるかということだったようですよ。簡単にできるのはグランドゴルフだけということで始まった」とコメントしていることからもうかがえる。同様に、女性のフラダンスの活動についても、特に地域（団地）とスポーツといった文脈で語られることはなかった。

一方農村では、集落内のお宮跡地にグランドゴルフ場が造られ頻繁に利用されており、高齢化の進む集落にとっては、格好の溜まり場となっている。しかし、インタビューの中で、高齢者のグランドゴルフ活動が集落の活動との関連で語られることはなかった。逆に、自治会からの申し出で、グランドゴルフ場に向かう取り付け道路や防球ネットの整備を行うなど、自治会がそれらのスポーツ活動を支えている状況にある。

先にも確認したように、地域（自治）活動が比較的盛んで、安定した関係性を維持する農村および団地では、地域におけるスポーツ実践の社会的位置は後景化し、一見、地域社会におけるスポーツの位置はそれほど重要なものとはなっていないことが示唆される。

では、混住AおよびBではどうであろうか。混住Aでは、宅地の開発当初は地域的な活動が旧農家集落と宅地の間でも行われていたが、混住化の進展（来住者の拡大）とともに衰退していった。そのような中、区長は地区の取り組みとして、

「清掃作業とか、赤い羽根募金とか、老人会費とか、地区のスポーツ大会とか、面々それぞれのことはかなり多くやっていると思うんですよ」

と区長は述べている。清掃活動などに対しては比較的参加者も多く、それなりの（必要最低限な）関係性が保たれている。しかし、自治会活動がそれほど機能しているとは言い難く、年2回の役員会（1回は、毎年役員が代わるため顔合わせを兼ねた懇談のバーベキュー）の出席率も決して良くない。

混住Bでも、伝統行事に対する新旧住民の捉え方について、「心のよりどころというか、そう

いうものが旧村の者はあるし、伝統も残していくし、だけど、新興住宅の者はただ生活するだけの話だから。隣近所ともあまり交流もないしですね」と語るように大きな格差を実感している。それでも混住Bでは、地蔵祭りやモグラ打ち、子ども相撲を新旧住民の協力のもと実施している。いずれの行事も子どもの存在抜きには維持することのできない行事である。大津町の中でも最も生活環境が良いとされるこの地区では、若い夫婦世帯が多く子どもの数も比較的多い。これらの行事は子ども会の行事として行われており、旧農家集落の人々は準備の手伝いをするだけである。先のアンケート調査結果でもこれらの行事は上位３項目に入っているが、実際には、地区全体の行事ではなく子ども世帯中心の行事といえる。さらに、混住Bでは、「ここはまったく何もない。よそはやっていると思いますが。ところがここは何にもない。ここだけでしょうね、いろんな役がないのは」と語るように、地区全体としての活動は清掃活動を含めまったく行われていない。

以上のように、混住A、Bともに地域の関係性の非常に希薄な地区といえる。しかし、先のアンケートでも示したように、混住Aは、最もスポーツが盛んな区となっている。混住Bは、区長も言うように、大津町の中でも子どもスポーツの盛んな地区となっている。そして、地区で行われているスポーツ実践について、混住Aの区長が募金活動などと同じ位置づけで語るように、強制的ではなく誰でも気軽に参加できる数少ない地域活動として捉えている。このことは、

「地鎮祭などは、半強制というか、学校の行事と同じですから。絶対やらなくてはいけないという意識がありますから。ほかの行事は出たり出なかったり。でも、スポーツ大会ではできるだけ皆ができるようにしたりはしますね」

というコメントからもうかがえる。また、混住Bでは、区の共有財産として運動広場[8)]がつくられており、子どものスポーツ活動の場として活用されている。

このように地区としての一体感に乏しい混住化地区では、区の人びとの紐帯となるべきものがないため、スポーツが地域生活において比較的重要な位置を占めているということである。スポーツ実践の社会的位置が前景化されているといえる。

しかし、基本的にはこれらの混住地区におけるスポーツ実践も、先に述べた農村や団地と同様に地域との関係で語られるものではなく、地域内の人びとが個別的に同好の集団で実践している活動として捉えられている。人びとの関係性が乏しく相互認識の低い混住地区では、スポーツ実践は個別の「地域的」な活動にとどまり、個々の活動の総体としては前景化されスポーツの浸透という点では評価されるであろう。しかし、それらが地域社会形成という側面に何らかの役割を果たす可能性は低いと言わざるを得ない。

一方で、団地のソフトボールチームについてみていくと、確かに日常的な活動レベルでは地域との関係性が希薄であった。しかし、前区長が「私も64歳まで団地のチームでやりましたけど、それからは審判をやっています。審判のほうで今も毎月出ています」と語るように、地区のリーダーやそれを支える人びとの多くが、ソフトボールチームに関わっている。このリーダーらが団地の共有財産としての集会場建設を推進し、チームの懇談の場として活用している。また、ソフトボールチームのメンバーが集会場で開いている宴会は団地では有名であるという。定期的な練習のほかにも、団地の清掃活動（毎月1回）の時にもあわせて練習するようにしている。このリーダーらの取り組みは、以下に示すように団地のシンボルとなっている「ふれあいサンデー」（半日はスポーツ活動を行う）の運営のあり方にも端的に現れており、団地の関係性の強さを象徴している。

「余所からくるし、若いしですね。そうすると私たちの旧式のやり方が合わないという人も多くいますからね。だけど、私たちが（ふれあいサンデーをやめる）話が出たけどそれを押し切ったんですよね」

「子どもがいるからとかいろいろ言う人はいますけど、我々もみんな協力するから大丈夫だよと。私たちがおりますから、リタイア組もだいぶいますから、大丈夫と」

「年配の人たちが率先してやられるからですね、私たちもじっとしているわけにはいかないからですね。なんか手伝うことがないかと」

　また、農村では自治会によるグランドゴルフ場整備が行われており、それは農村の自治機能に支えられた取り組みとして捉えられる。婦人会など他の地域集団の活動が衰退し、地域における自治会の役割も限定されてきている中で、どうにか維持されてきた自治会の機能を引き出すきっかけともなり得ているのである。さらに、農村では混住Bと同じように、子ども相撲を毎年開催している。どちらの地区も、旧農家集落にはほとんど子どものいない状態は同じであるが、混住Bでは新興住宅の子ども会の行事として行われ、一方農村では、他出子[9)]の子どもがその中心となっている。農村の他出子の多くは、同じ大津町の市街地に居住しているのである。毎年顔ぶれが代わる子ども会のイベント的行事として様変わりした形で存続し、宅地の子どもの数の増加とともに盛大になった子ども相撲は、混住Bという地域においては比較的前景化されている。それに比べ、ムラの行事として血縁・地縁を頼りに、それなりに維持されてきた農村の子ども相撲は地域のなかで後景化しつつある。しかし、家族を中心とした、安定かつ相互認識の強い関係性で維持されている農村の子ども相撲には、何らかの意図的な機能、例えば混住Bにおける新旧住民の交流行事などが託されているのではなく、存続すること自体に家を中心とする集落の関係性の確認作業ともいうべき意味があるのではないかと思われる。

このように、一見後景化される農村や団地のスポーツ実践は、活動そのものは地域社会との関係において直線的（機能的）に捉えられるものではなく、他の地域活動や家族との接点をもつことで、これまでとは異なる社会的意味を問い直すことが可能になるのである。

本章では、混住化社会を対象に、スポーツの意味を地域の生活との関係から分析してきた。それは、従来のコミュニティ・スポーツ論や近年のスポーツ公共圏論において主張されるような、自立した個人の主体性形成に関わるものではない。あるいは、スポーツを分析の中心に据え、それとの関係から地域社会におけるスポーツのあるべき姿を論じるものでもない。地域社会全体を俯瞰し、そこに関わる領域を相互連関的・総合的に捉え、個々のスポーツ実践を埋め込みながら分析するということであった。

そのような視点に立ち明らかにされたことは、まず、現代社会において拡散しつづけるスポーツはどのような地域社会（農村や団地、混住化地域）にも浸透していくということである。そして、「いつでも誰でもどこでも」という言説に代表されるようなスポーツの持つ汎用的機能が、一見地域社会内の関係性構築に有効な手段として捉えられる。しかし、それは自立した個人を前提とするネットワークの構築であり、同好の集団内で止まることも、あるいは地域を超えて広く拡散していくこともある。一方で、団地や農村のように地域的に明確な範域を有しそこに住む人びとの相互認識が可能な状態にある場合に、スポーツは、限定的ではあるが、その地域特有の関係性の継承という社会的意味を帯びる可能性がある。混住地区のように、スプロール的に土地開発が行われ関係性の薄いところでは、一部の関係のある人々を「顔見知り」にし「交流」することは可能である。しかし、スポーツをする人が増えることと、地域社会における関係性が積み上げられることは決して短絡的に結び付けられない。同じようなスポーツ実践であっても、その置かれた地域社会の関係性のあり様によって異なる社会的意味を帯びるからである。

現代社会におけるスポーツ実践は、生活様式の変化や健康志向と同調しながら、個人の領域においてますます進展していくことが予測される。したがって、単なる量的拡大を推進する振興策を展開するだけでは、地域社会とスポーツ実践の関係性の構築は望めないであろう。また、地域社会そのものが縮小型社会へと転換する中で、それに対応したスポーツ実践の意味も問われなければならない。個人の生きがいや健康問題、社会的交流促進へのスポーツ実践の機能を声高に主張するだけでなく、具体的、実体的な家族や地域組織（集団）の活動との関係性を踏まえた上での政策が求められる。スポーツ実践だけを切り取り、生活の領域において如何にその拡大を図ることができるかではなく、生活の他の領域との豊かな関係性を如何に構築することができるかが重要なのである。たとえ、年に1回の祭りであっても、生活に密着したものである限りその地域の中に存在し人々の暮らしに彩りや輝きを与えるものである。華やかな発展論的な地域スポーツ振興策だけでなく、地域の生活に密着したスポーツ実践を後押しするような振興策が求められるであろう。

注

1）徳野（2002）は、「混住化社会」というタームは、まだ社会学的概念としては精製されていないとする。その上で、「混住化社会とは、従来農家を中心として構成されてきた〝ムラ〞の構造的枠組みが、高度経済成長期以降、主として就業構造の変動と人口移入による急激な構成員の変化によって変容過程にある地域社会」と定義し、その基本類型を「原型としての〝ムラ〞」「内からの混住化」「外からの混住化」「複合的混住化」の４つに設定している。本章ではこの徳野の枠組みを参考にしている。

2）地区代表者への聞き取り調査および役場からの資料提供に基づく。数値は２００９年現在。

3）地主（農家）が土地を転用し、アパートのオーナーとなった場合、ほとんどの店子は自治会費を納入せず、オーナーが全戸数をまとめて納入する。町の情報や区の行事等の連絡は店子のもとにも届くことになる。

4）アンケート調査は、各地区の組長を介して配布・回収した。回収率（回収数）は次のとおりである。混住Ａ37.8％（１０５）、混住Ｂ35.9％（92）、農村64.3％（45）、団地70.0％（84）であった。聞き取り調査及びアンケート調査の項目は、徳野（2002）の「混住化社会の分析枠組み」を参考にした。

5）１９７６年に大津町に進出。国内工場の中で最も広い敷地を有する。年間生産額が１０００億円以上あり、町内総生産額の６割を占める。

6）現町議の祖父で、部落の60戸単独で農協を開設した人物がいる。

7）現に区長は町の別のソフトボールチームに所属している。

8）土地は旧農家集落のものであり、集落では共有財産を持っていなかったので「運動広場でも」ということでつくられた。しかし、実際に使用するのは新興住宅地の特に子どもたちであったことから、新興住宅地を含む区全体の財産として管理するようになった。

9) 親世帯の住む集落や地区以外に居住する子ども。

混住Ｂの運動広場（子ども相撲の会場）

団地のふれあいサンデーが開催される公園

農村の高齢者のたまり場となるグランドゴルフ場

第5章　地域組織活動とスポーツ
―熊本県阿蘇郡小国町を事例に―

1　本章のねらいと方法

本章では、第1章と同じく熊本県阿蘇郡小国町を事例地とする。第1章では、住民の生活構造とスポーツ実践の関係について検討してきた。そこでは、まず、伝統的なマチ・ムラ構造が弱体化し、都市への依存が強まる中で、住民の生活構造も都市部と変わらぬ私化・流動化の状況にあることが分かった。一方で、「永い間そこに住んでいる」という土着性を基盤とする暮らしには、集団性・地域性を特徴とするムラの共同性が今なお継承されていることが確認された。そして、そのような集団性・地域性という行動様式は、スポーツ実践様式にも影響していることが明らかになった。

徳野（2007）は、日本のムラでは、相互に助け合うという本源的な相互扶助だけでなく、ムラ中が集団的にまとまり、共同訓練・共同作業を行っているという。そして、子どもや若者は、そのような共同作業を通してムラの仕組みと集団的行動の原理を学んでいるとする。このことを参照するならば、小国町では様々な地域の活動を通して人々の関係のあり方が継承され、それが地域のスポーツの行い方にも引き継がれている可能性がある。そこで、本章では、小国町における具体的な地域組織のあり方とその活動について見ていくこととする。

さて、このような問いに迫るためには、どのようなアプローチが有効なのであろうか。第1章で用いた生活構造分析の弱点を振り返り、本章における分析的立場を明らかにしておきたい。序章でも述べたように、「生活構造分析」においては、「生活者」としての主体的側面と、社会構造の規定力を相即的に把握することは可能である。だが、「生活者」の実態が〝何となく分かる〟のであるが、決してそこからは個別・具体的なリアリティを掴み取ることができない。スポーツ分析についても同様のことが言える。そのため、先の小国町調査においては、暮らしとスポーツの構造的な相同性は確認されるが、小国町で引き起こされた地域社会の構造的変化、あるいは社会関係の変化の中で、どのようにして住民たちの暮らしが営まれスポーツが実践されてきたかという内実にまで迫りきることができていない。

このような課題を克服するためには、『「生活者」が様々な生活条件の変化に対応しつつ紡ぎ出す社会関係を、その営みの内部から辿ることにより生活組織として視覚化」（前田、2010）していく必要がある。これは、松村や前田が主張してきた「生活論[1)]」における認識のあり方である。そこで、以下では、前田（2010）が提示した「生活論的アプローチ」を整理し、本章における分析的立場を示しておく。

まず、暮らしやスポーツの主体を、「主体的な市民」といった原子化された個人ではなく、家族あるいは生活組織、地域社会における社会関係の中で生きる実体的な「生活者」として捉えるということである。そして、暮らしを衣食住ではなく、ある地域的範囲における社会において、その社会的条件を投影しながら、固有の形態を伴って「生活者」によって組織されている生活組織という側面から押さえていく。この生活組織は、通常、自治会や町内会という実体として把握されることが多いが、生活組織内外の生活条件の変化に対して、「生活者」が創造的に再組織化していくものである。特に少子高齢化、限界集落化といった社会変動に伴う既存の自治会・町内会の解体・再編過程、および新たに派生する生活のための集団を把握する上で、この理解は重要になると前田は指摘する。方法論的には、地域社会の生活組織に焦点を据え、その集合的な意識を把握し、そこで展開されるスポーツをモノグラフ法[2)]によって描き出すということである。その際、研究者自らが生活の現場に立ち、「生活者」との直接的・間接的交流の中でデータを蓄積するフィールドワークを前提とする。

本章では、以上のような、「生活論的アプローチ」を手掛かりに、まずは小国町における生活組織およびスポーツ組織活動のあり方を記述する。その上で、小国町におけるスポーツ組織活動が担う社会的意味について検討していく。

分析に必要なデータは、資料収集および聞き取り調査により収集された。調査期間は、２０１２年６月から２０１３年２月までであった。聞き取り調査対象者は、役場職員（総務課、情報課、教育委員会社会体育担当）、地域代表者（各地区部長、大字協議会長、婦人会など）、スポーツ関係者（体育協会、各競技技団体代表者など）とした。なお、事例地としての小国町の概要については第１章を参考にされたい。

2　小国町の生活組織と地域組織活動

(1) 大字協議会

小国町の人びとの暮らしを語る上では、旧村単位（宮原、黒渕、上田、西里、北里、下城）で構成される大字という枠組みについて理解しなければならない。小国町が作成した『小国ニューシナリオ』（1991）には、「六つの大字から成り立っているということは、微妙に文化の違う国々が集まってできた連邦国家のようなものだ」と記されている。一方で、久木元（1997）によると、河津町長時代（１９４８年～７９年）に、既存の大字共同体は、かつてその影響力の基盤であった共有地の多くを失うことになったとし、大字単位の地域運営の中心であった「大字協議会」の影響力も衰退していったとしている。では、現在の小国町住民の暮らしの中で、どの程度大字という枠組みは機能し、「大字協議会」はどのような影響力を持つのだろうか。まずは、そのことを確認しておきたい。

これまで大字を単位として動いていた活動が、徐々に減少していったことは事実である。現在は六つの大字の下に、部が配置され、それぞれに行政部長が存在する。行政部長は都市部の自治会長に相当するものであり、行政的にはこの部を住民の生活組織の単位として捉えている。また、各大字に一つあった小学校は全て統合され、婦人会などの地域組織も町で一本化されていった。

しかし、以下に示すように、それぞれの地区において大字の捉え方は様々であり、いまだその枠組みが人々の暮らしに密接に関係する地区もあることが確認される。

宮原の「大字協議会」では、今も年3回、大字の共有林の手入れをしており、「大字協議会」の年間繰越金も100万円ほどあるという。また、部長は基本的には組長間の話し合いで決定されるが、決まらない場合は、大字協議会長が決定する習慣がある。しかし、「大字協議会」の役員構成は、行政上の地域単位である部の代表者が全員入っており、旧来のような大字全体に影響力を及ぼすものではない。市街地の宮原住民にとっては、いわゆる自治会としての部のほうがより身近な生活組織となっている。後で触れることになるが、特に、五部、六部という地区は、300歳ソフトボールや駅伝大会に単独でチームを編成して出場しており、安定した関係性を維持する部として捉えられる。

一方、黒淵では、住民が部単位で動くことは少なく、大字および組で動くことが多い。組では、清掃、お祭りなどが行われており、大字単位では「大字協議会」の活動（敬老会、ホッポ祭り[3]、両神社[4]への出し物など）の他に、婦人会、壮年会が積極的に活動している。特に黒淵では、「大字協議会」、婦人会、壮年会がそれぞれ大字単位で共有林を持ち、年間を通して手入れなどの共同作業にあたっている。黒淵における「大字協議会」の影響力の強さは、その役員会の組織構成からもうかがえる。役員会は会長、副会長、会計の他に評議員で構成される。評議員は各部から選出されるのであるが、これを部長が兼ねることはない。つまり、行政上の部の代表者と、「大字協議会」の部の代表者が明確に区別されているのである。このことは、「大字協議会」の会長の、「部長は行政の伝達役が主で、毎年変わるので、意見がまとまらない。各部の評議員は長い人で20年ぐらいやっている。税金の徴収は部長ではなく評議員が行う」というコメントからもうかがえる。小国町では、大字や部単位で代表者が税金を取り纏めて納税し、その見返りとして大字や部に対して町から納税奨励金が出されている。これは、「大字協議会」の評議員が、各世帯の経済状態を把握しているということでもある。また、各世帯の協議会費は、その経済状態に合わせて１５００円～３０００円の間で申告することになっており、都市部の自治会（費）のあり方とは大きく異なる。

北里の場合も同じように、部の枠組みは住民の暮らしにとってそれほど大きな意味を持たない。山間部に位置することもあり、組単位での暮らしが中心となっている。「大字協議会」のメンバーにも、４人の部長のほかに28人の組長が加わっている。ただ、黒淵と異なり、大字内の地域運営の権限が会長に集中しているようである。例えば、ある集落で、旧北里駅（廃線）の跡地を農産物販売所として活用しようとした際には、大字協議会会長の承認が必要だと主張する人がかなりいたということであった。また、各世帯の協議会費は役員会で裁定しており、ここでも各世帯の経済状態を、「大字協議会」が把握していることになる。「大字協議会」には共有林があり、北里小学校の建設時におよそ１０００万円分を切り出したが、かなりの額の繰越金もあるという。このような財産の存在も、大字の権力構造に影響を与えていると推察される。

一方で、下城では、確実に大字の枠組みが薄らいでいる。協議会費を１世帯年間２５００円徴収し、両神社の出し物の準備や消防団への補助をしているが、年に２回の集まり以外はそれほど活動していない。その理由の一つは、下城は阿蘇郡内でも有数の温泉地である杖立温泉を抱えており、サービス業に従事する者が多いからである。下城２部の部長も「他と違うから。杖立あたりは、職業が違うから」と語っていた。以前は、両神社のお祭りの出し物の準備も盛大に行っていたが、今では人集めも大変であり、大字でのお祭りもなくなったということである。

以上みてきたように、黒淵や北里では、いまだ住民の暮らしの中に大字という枠組みが息づいているが、下城においては、その役割がかなり縮小している。また、市街地である宮原では、大字の枠組みの中に行政上の地域単位である部を取り込みながら地域運営を行っている。小国町における生活組織の変容過程は、各大字で大きく異なるということである。それでは次に、大字よりも小さい生活組織としての部や組の様子について、もう少し見ていくこととする。

(2) 大字内の部と組

まず、部と組の関係についてみていきたい。北里や黒淵のように、行政上の部を大字内の地域運営と切り離すところもあるが、そのほかは宮原のように部としての枠組みが、暮らしの単位となりつつある。それを支えてきた仕組みの一つが「納税奨励金」である。各世帯の税金を部でとりまとめ納税するというこの仕組みは、住民に部という生活組織を意識づけると同時に、奨励金として配分されるお金によって、部の様々な行事が支えられてきた。実際に、祭りや駅伝大会への参加などに多く使用されており、現在（２０１２年）その制度の存続について検討されているが[5)]、仮に廃止となった場合には、部の行事を維持するための補助金が拠出される予定となっている。久木元（1997）が示したように、小国町の町政は、町への帰属意識の醸成を図るため、旧村を基盤とする大字の解体の道を歩んできた。この「納税奨励金」の仕組みもその一つであり、これにより行政上の単位としての部が、人びとの暮らしに位置づけられてきたのである。現在では、防災組織なども大字ではなく、部のみで編成され、部長がその連絡係として位置付けられている。

一方で、このような部の強化には、農業中心の時代に人びとの重要な生活組織であった組の機能が極端に低下したことも影響している。以前は、税金の立替を組費で賄ったりするほど組内の関係性は強かったが、農業の衰退と生活圏の拡大により人びとの暮らしにおける組の役割は薄れていった。

全体の傾向としてはこの通りなのであるが、大字の枠組みと同様に、生活組織としての部と組のあり方も地区によって異なっている。そのことをいくつかの地区で確認してみたい。

宮原６部は11組で構成され、部にあるお堂のお祭りを11組が順番に担当している。また、年間８００円の大字協議会費の他に、組費を年間３６００円徴集している。部費はなく、納税奨励金を活用している。前述したように、宮原は大字の中でも生活組織としての部が機能している地区である。特に、６部は、駅伝大会や３００歳ソフトボール大会に単独で出場するほか、部内の運動会やレクリエーション大会、グランドゴルフ大会も実施している。組としての活動を維持しつつ部としての枠組みが強化されてきた地区といえる。

同じ宮原７部も同じように、部のまとまりの強い地区であり、部の青年部主催による体育祭も行われている。しかし、６部と異なり組ごとの祭りや寄り合いはほとんどなく、組費は年間１３００円と６部よりかなり安くなっている。組長が集まる機会も年に一度だけという。ここでは、人びとの暮らしの単位が組の衰退とともに部へと収斂されていったものと思われる。

一方で、下城2部は、部費、組費もなく、大字協議会費を２５００円だけ徴集しており、部での祭りや寄り合いは一切行われていない。組では祭りや共有林の手入れが行われている。ここでは、行政上の部という枠組みは、人々の中であまり意識されることはなく、人口減少と共に衰退しつつある組内の関係性がどうにか維持されてきたのである。西里2部も同様に、部で動くことはほとんどない。部に振り分けられる納税奨励金は、そのまま組に振り分けられ、組費の徴収はない。部の半数近くの世帯が専業農家ということもあり、組ではお祭りや寄り合いが続けられている。しかし、山間部に位置することから、人口減少と高齢化は避けられず、多くの活動が停滞している。

(3) 地域づくりグループ

ここまで、大字、部、組という生活組織に焦点を当て、小国町の暮らしのあり方を概観してきた。次に地域組織活動との関係から見ていくこととしたい。小国町の地域組織活動として特に注目すべきは、１９９１年に大字ごとに結成された地域づくりグループである。結成当時は、年間50万円の補助金が出され様々なイベントを展開してきたが、グループごとに取り組み方に差が出始め、２００５年には5万円に縮小された。ほとんど休止状態になっているグループもあるが、黒淵のミハナ会と北里のイクサイ舎などは積極的に活動しており、町としてもさらなる活性化を期待して２０１２年度から補助金が20万円に引き上げられた。

ミハナ会は、テレビコマーシャルの撮影地となり、観光地化した「鍋ヶ滝」を活用した地域づくりに取り組んでいる。会員はすべて個人会員で現在30名ほどである。町の補助金のほか、黒淵の「大字協議会」からも補助金を受け取っている。「鍋ヶ滝」の活用のほか、坂本善三[6]美術館開館記念のイベントや地域の祭りなどを開催している。

イクサイ舎は、それ以前にあった「明日をつくる会」を、リニューアルする形で結成された。「明日をつくる会」は、昭和の北里大水害を後世に語り継ごうと自主的に立ち上げられた地域組織であり、関連する水害の慰霊祭は今でもイクサイ舎の中心的な行事となっている。そのほか、北里柴三郎記念館のイベントや、九州一円の小学生を対象とした駅伝大会などを開催している。

この2つの地域組織が活発な活動を続ける背景として、一つは、坂本善三、北里柴三郎という地域的シンボルとそれに関連する箱モノが存在していることが挙げられる。さらに、先に見てきたように、黒淵、北里ともに、大字（大字協議会）という伝統的な生活組織の枠組みが残存していることも挙げられる。新たに作られた地域づくりグループの活動も、そのような枠組みと関係を持ちながら展開されているのである。目立った地域組織活動を確認することができなかった下城の場合、「大字協議会」の解体と共に大字としての枠組みは人びとの暮らしから遠ざかり、一方では農業の衰退とともに組内の関係性が薄れている。また、地熱発電の問題[7]もあり、いち早く大字の枠組みが薄れていった西里では、すでに婦人会も消滅してしまった。もちろん、個々の趣味的・同好的活動（ボランティアや健康運動などの集まり）は散見されるものの、それは個別の目的的な活動に留まり、人びとの地域的な暮らしとの関係で捉えられるものではない。

いまだ大字の関係性が強い黒淵、大字から部への変容を示す宮原、集落を単位とする組内と大字の関係が維持される北里というように、それぞれの地区での生活組織の再編過程は異なる。地域組織活動は、それぞれの再編過程の中で引き継がれてきた関係性を土台としながら展開されることによって、人びとの暮らしに埋め込まれていく。同時に、地域組織活動は、そこに引き継がれてきた関係のあり方を継承するという役割もまた担っていくのである。

3　小国町における伝統的体育行事

小国町住民のスポーツ活動は、各競技団体別の活動と伝統的な体育行事に関する活動の2つに分けられる。[8)] 前者については、バレーボール、ミニバレーボール、バドミントン、高齢者のグランドゴルフなどがある。特に、小国町の女性の間では以前からバレーボールが盛んであった。しかし、現在は、小中学校の部活動とママさんバレーの3チームだけである。以前活動していた人たちは、高齢になるとともにミニバレーに移るか、町で開催される年1回のバレー大会に参加しているということであったが、その数も年々減少している。同様に、高齢者のグランドゴルフを除き、その他の種目も会員数の減少とともに活動が停滞している。

では、伝統的体育行事についてみていこう。小国町には、46年間続く３００歳ソフトボール大会がある。大字や部単位でチームを作り、ランク別で6日間にわたりリーグ戦を行う。２０１２年度は21チームが参加した。以前は、１００チーム以上が参加し、１ヶ月以上にわたり開催されていたという。主催は小国町体育協会で、主管はソフトボール協会となっている。ソフトボール協会には、チームが登録されているわけではなく、日常的にソフトボールの活動が行われているわけではない。基本的には部でチームを作り、それらが大字を代表して戦うという構図になる。したがって、部でチームが編成されなくなると、大字で一チーム編成することになる。必ず大字単位で一チームは出すという慣習が維持されているということでもある。大字で動くことがほとんどない西里にとっては、数少ない地域活動といえる。北里では3部が、宮原では5部、6部、7部の3チームが出場している。前述したように、宮原6部は地域活動が盛んであり、この大会も常に上位に入っている。その背景には、6部の地区体協である「クラバル体協」[9]の存在があるが、このことについては後ほど触れることとする。

２０１２年度に36回目を迎えた駅伝大会も、ソフトボールと同じような状況にある。部単位でチームを編成し、大字代表として出場するところもあれば、大字全体でチームを編成するところもある。前述したように大字の枠組みが崩壊しつつある下城でも、大字全体で2チーム出場させているということであった。

さらに、歴史的にはもっとも古い両神社の奉納相撲がある。現在では体育協会が主催し、相撲協会が主管として開催している。ほとんどの大字で9月から選手集めをして、4週間にわたり練習している。相撲協会の役員で、黒淵のとりまとめをしている者は、毎年人集めが大変と言いながらも、

「人集めが難しくても、それでも集めている。みんな考えてくれている。頭が下がる」

「なんとか続けて自分の代でやめることがないようにしている」

「続けていかなければ、OBがいるでしょ。関われば誰にも責任がうまれる」

と語っていた。また、相撲の場合、ソフトボールや駅伝以上に大字との結びつきが強い。例えば、黒渕では5年前に優勝した際には、「大字協議会」によって地元の神社の境内に屋根つきの土俵が作られたということであった。

以上のように、３００歳ソフトボール大会、駅伝大会、奉納相撲などの伝統的体育行事は、地域の事情に合わせて、大字や部という枠組みを利用しながら開催されてきたのである。そのことは、逆に、それぞれの大字における生活組織の再編過程において、独自の社会的意味を担ってき

たとも受け取ることができる。最後に、このことについて検討してみよう。

4　日常的な関係性を継承するスポーツ

久木元（1997）が述べたように、河津寅雄（1948年～79年）及び宮崎暢俊（1983年～2007年）、の両町長の町政では、大字共同体という「既存の公共性からの脱却」、「私的な活動による経済活性化」、「下からの公共性を担う人材育成」が目指されてきた。その結果、確かに、旧来からの大字や組といった地域の枠組みは薄れつつあり、人びとの暮らしのあり方は近隣よりも町全体の枠組みで捉えられることが多くなった。全体的には、第1章でも明らかにしたように私化・流動化の傾向にあり、個人―（町）―都市という関係性が強められてきたといえる。

しかし、そのような傾向は町全体に一様に進むのではなく、それぞれの地域（大字）において大きく異なるものであった。例えば、宮原では大字の枠組みを残しつつ、行政上の地域単位である部を彼らの暮らしに取り入れ、一方で最も身近な組という枠組みは薄れつつある。いわば、都市的な様相を見せつつある。黒淵の人びとにとっては、いまだ大字の影響力は大きく、行政上の部の役割を意識的に形骸化させている様相がうかがえた。北里においては、大字協議会の影響力が残存する中で組内の関係性を維持しつつあった。山あいの下城や西里では、離農、人口減少、高齢化などの構造的変化の影響が著しく、組の機能衰退が避けられない現状にあった。大字の枠組みが大きく崩壊した状況においては、彼らの暮らしは直接町や都市と繋がらざるを得ないのである。

このような状況を踏まえたうえで、第2節では、地域組織活動について以下のことを指摘してきた。下城や西里では、組内の寄り合いなどがかろうじて存続されているものの、消防団を除き、大字や部の地域組織活動はほとんど見られない。他の大字と比較すると地域づくりグループの活動も停滞している。もちろん、個々の趣味的・同好的活動は散見されるものの、それらは範域的に身近な地域（部・大字）を超えた、町や都市との関係で展開されるものである。逆に、大字という暮らしの枠組みが残存する黒淵、北里における地域組織活動は、人びとのさまざまな暮らしの関係性の中で展開され、当該地域における関係のあり方を継承するという社会的意味を担ってきた。

このような視点で、伝統的体育行事に関わる活動を見ていくと、次のような指摘ができる。例えば、宮原6部のクラバル体協は、駅伝大会や300歳ソフトボール大会などの伝統的体育行事の取り纏めを行ってきた。宮原は、身近な生活組織としての組が衰退する一方で、旧来からの大字の枠組みを残しつつ、行政上の地域単位である部での関係性を強めてきた地域である。そのような地域において、クラバル体協は、基本的には6部の住民のスポーツ活動を支援する組織である。しかし、伝統的体育行事を取りまとめるだけではなく、部内の各種表彰や還暦のお祝いも行い、両神社のお祭りの出し物や夜市、公衆トイレの掃除なども行っている。宮原に住む人びとの暮らしが組から部へと移る過程において、クラバル体協の役割は多様化し自らが生活組織化することで、人びととの関係性を引き継いできたのである。

一方、黒淵の相撲協会の役員は、「なんとか続けて自分の代でやめることがないようにしている」「続けていかなければ、ＯＢがいるでしょ。関われば誰にも責任がうまれる」と語っていた。大字の枠組みが強く残る黒淵において、大字対抗の奉納相撲は、人びとの地域的な暮らしの関係性において重要な意味を持つのである。先のクラバル体協は、行政的な地域単位である部への再編過程において、それを強化するという役割を担っていたが、黒淵の相撲協会は、大字という生活組織の継承という点において、その役割を担ってきたといえる。いずれにしても、日常的な生活空間に引き継がれてきた関係性を「継承するスポーツ」として捉えられる。

第１章でみてきたように、住民のスポーツ実施状況は、その量的側面において都市部と変わらぬ状況にあった。さらに、今後も人びとの暮らしは個別化し、ますます都市との関係を強めていくことが予測される。その時、スポーツの持つ交流機能と健康への効果は、個々の暮らしの充実という点においてそれなりの役割を担っていくものと考えられる。それは、現代社会の中心的な文化体系の基準となるマス・メディアに同調的なスポーツであり、主に健康を目的とした個人的スポーツである。個人化した市民的な暮らしへの再編に「同調するスポーツ」と、地域に引き継がれてきた安定した暮らしを「継承するスポーツ」のせめぎ合いの状況として捉えることも可能であろう。

注

1）日本の農村社会学・都市社会学の源流である鈴木栄太郎と有賀喜左衛門から、現在の環境社会学における生活環境主義に引き継がれている認識のあり方。

2）モノグラフ研究とは、佐藤（2006）によると、限定されたひとつの社会的単位を対象とし、その生活の全過程と、それにかかわる諸要因を多次元的に記述し、分析する研究法のことであり、その対象集約的な調査記録をモノグラフという。

3）ホッポ祭りとは、１９９１年に結成された黒淵のコミュニティプランチーム「ミハナ会」が中心となって開催している黒淵のお祭りである。このほか西里のボウブラ祭があるが、10年間で助成金が打ち切られた後は開催されない地区が多い。

4）小国郷の総鎮守とされる両神社は、高橋宮と火宮の二神を祀るのでこの名が付けられたといわれ町のシンボルとなっている。両神社の例祭は10月16日から18日までの4日間行われる。神幸行列では、大字ごとに神馬や旗、梓弓など行列の役割が決められている。

5）２０１２年度をもって「納税奨励金」は廃止された。

6）小国町出身で「グレーの画家」と呼ばれる。１９８６年のＦＩＥＳＴ展（フランス、パリ）で、リトグラフィ「構成80」が専門家賞（Prix Professionnel）を受賞するなど、国際的にも評価が高い。

7）第1章第3節を参照のこと。

8）この他に、総合型地域スポーツクラブ「小国ゆうあい倶楽部」が、平成23年に設立されている。設立後2年目で、会員数約50名となっている。ペタンク、ユニホック、ピラティス、バレーボール、卓球の教室が行われている。全ての種目が教室形式なので、チームを作り試合に出ることはない。現在は、ｔｏｔｏの育成助成金と町からの年間１００万円の助成金で運営している。また、１９９９年の熊本国体でホッケーの大会会場となったこともあり、人工芝の専用グランドを町が建設するなど、〝ホッケーの町〟として力を入れている。関係者によると、「ホッケーの町としてはうまくいっていると思う。オリンピックに出場するような選手も出てきたし」ということであった。現在、小国小学校のスポーツ少年団、中学校、高校の部活動がそれぞれ活動している。スポーツ少年団の団員数は、20名ほどで、国体開催時の50名から大幅に減少している。社会人のチームは活動しておらず、「するスポーツ」として地域住民にホッケーが普及しているわけではない。

9)　宮原６部の中心的集落の地名がクラバルであったことから現在も「クラバル体協」と呼んでいる。

宮原（マチ）の新市街地

第6章　農山村における地域スポーツ組織の社会的意味
―大分県日田市中津江村を事例に―

1　本章のねらい

大分県日田市中津江村には、２００２年日韓W杯カメルーンキャンプを機に設立された村で初めてのサッカーチーム「レリオン中津江」がある。「小さな村の大きな挑戦」と銘打たれた同キャンプは、当時の中津江村を一躍全国的な知名度の村へと押し上げた。W杯終了後、会場となったスポーツセンターの年間利用者数は、目標の３万人を上回る３万８０００人（２０１０年度）を数え、Jリーグチームのキャンプやカメルーン杯少年サッカー大会が毎年行われるようになった。低迷していた村最大の観光施設である金山観光施設[1)]では、「カメルーン中津江村キャンプ記念館」をオープンし、カメルーンにちなんだ物産品を加工・販売している。また、２０１０年南アフリカW杯では、日本戦に向けたマッチフラッグづくりに取り組み、試合当日のパブリック・ビューイングには、村民の約４分の１（２８０名）が参加しカメルーンを応援した。しかし、現在（２０１２年）、「レリオン中津江」は活動を休止している。村の青年層にとって唯一の地域スポーツ組織が、結成後およそ10年で消滅しつつある。

森川（1988）は、地域スポーツ組織の発展パターンを整理し、クラブメンバーの拡大を基準に、スポーツ運動型のクラブ自治の確立へと向かうべき成長段階を設定している。そして、それぞれの段階に応じて、クラブづくりに必要な具体的方策を提示し、最終的にはスポーツにおける経験を通した地域主体性形成こそが重要である（森川、1988：55）としている。また、厨（1990）は、我が国の地域スポーツクラブの多くが、「小規模で施設的条件、経済的条件にも恵まれず、また、大会や行事への参加をきっかけに容易につくられ、試合前の集中的練習だけが中心的な活動であるという実態を考えるとき、スポーツクラブに期待されているような社会的機能を十分果たすことはきわめて困難である」（厨、1990：86）と述べている。さらに、地域におけるクラブ活動がコミュニティ形成の一翼を担うための人間関係のあり方として、『私的自由』がそれほど侵されず、『適当に距離を置いたうえで理解と共感が得られる』さわやかな人間関係が醸成」（厨、1990：91）されなければならないとしている。近年では、松尾（2010）が、スポーツを基盤としたコミュニティ形成を考える場合、「重要なことは、自律的連帯主義に基づく『地域性』『場所性』『共同性』がいかに立ち上がってくるかである」（松尾、2010：168）と述べている。そのためには、スポーツによる主体としての個人の発達、あるいはスポーツ組織活動において公共圏を創出[2)]することこそが地域社会形成への条件となるとしている。いずれも、地域スポーツ組織が地域に永く存続し何らかの社会的機能を果たすためには、そのあるべき姿に向けた内発的発展が重要であるという主張と理解される。このような議論を参照するならば、過疎化する農山村の限られたメンバーで構成され、時には生活の私的な領域にまで踏み込むような関係性[3)]を持つ「レリオン中津江」の休止は必然的なものと捉えられる。内発的発展の無さがゆえに公共圏を創出するに至らなかった典型的な事例とされるであろう。

ところで第5章では、地域に引き継がれてきた安定した暮らしを「継承するスポーツ」について言及してきた。このことに関しては伊藤・松村も、「潜在的な共同性」の存在を踏まえスポーツを捉えるという中島（2000）や玉野（2005）の主張を取り上げ、スポーツの共時的に人びとをつなぐネットワークという意味の「場繋ぎ」機能ではなく、通時的に場を継承してきたスポーツの実践力に目を向けるべきであると述べている（伊藤・松村，2009a）。

では、そのような視点に立つならば、先の地域スポーツ組織研究における内発的発展論やあるべき論において貶価されるであろう「レリオン中津江」はどのように捉え直されるのであろうか。W杯という華やかなスポーツイベントを機に産み落とされた、「レリオン中津江」の中津江村における社会的意味は一体何なのか、これが本章の課題である。

具体的な方法としては、大分県日田市中津江村を対象にフィールドワーク[4)]を行った。中津江村は、農山村でありながら、金山開発による爆発的な人口増大に伴う急激な都市化、さらには観光開発やＷ杯による交流人口の増大などを経て、縮小型社会へと向かう地域として捉えられる。このような衰退化しつつある中津江村を対象とすることは、これからの地域社会とスポーツの関係を問い直すうえでも重要な視点をもたらすものと思われる。

２　中津江村の地域社会構造と生活

中津江村は大分県西部に位置し福岡県および熊本県との県境にある山村で、森林が93％を占める。明治22年の町村制施行に伴い、旧栃野村と旧合瀬村が合併して中津江村が誕生、２００５年の市町村合併後は日田市中津江村となっている。[5] 津江川沿いおよびその両脇の切立った山あいに、各集落が点在している。旧村名がそのまま大字として使われており、津江川の上流部が合瀬、下流部が栃野となっている。さらに合瀬は自治会の単位でもある行政区として鯛生と丸蔵、栃野は川辺と野田に分かれる。これら４つの区は歴史的・社会的な関係でいえば、さらに集落ごとに細分化されるものであるが、一般的な都市部の行政区とは異なり、概ね関係性の強い安定した地域の枠組みとして理解される。

人口動態[6]についてみていくと、中津江村も他の農山村と同様に、高度経済成長期から人口流出が続いたが、１９７２年の金山閉山、１９７３年のダム建設[7]の影響が大きく、他に類を見ないほどの減少率を記録することとなった。１９７０年から２０１１年の人口推移を区ごとに見ると、鯛生１２１７人（３３２世帯）→１６４人（77世帯）、丸蔵８６０人（１８２世帯）→１９０人（83世帯）、川辺９９５人（２２６世帯）→４２３人（１６８世帯）、野田３５７人（85世帯）→２８２人（99世帯）となっている。

鯛生の減少が著しく、１９８０年にはすでに４８５人（１６７世帯）となっていることからも、閉山後急激に人口流出が進んだことがうかがえる。一方、野田は、ダムによる水没地区が含まれるものの、それほど減少しておらず、世帯数にいたっては増加している。野田は、車を使えば日田市まで40分、大型スーパーなどがある熊本県小国町までは20分、さらにダム建設に伴う村営住宅の建設などの環境的要因が影響し、上流域の合瀬（鯛生、丸蔵）からの村内移動が行われたと考えられる。村全体の高齢化率は45.1％（２０１１年度）と非常に高く、地区ごとに見ると、鯛生51.2％、丸蔵57.4％、川辺45.6％、野田32.6％とここにも大きな差がみられる。

産業構造を見ると、金山やダム工事が盛んな１９７０年代までは、第二次産業従事者の占める割合が大きく、それと同時にサービス業等[8)]も展開されていった。しかし、これらに従事する者の大半は、村外からの来住者であり、閉山、ダム完成とともに村外へと流出していった。土着の者の多くは農林業を営んでいるが、農業については、村全体の地目別面積における田畑の占める割合はそれぞれ1.1％と0.7％と耕地面積が狭く農耕経営は非常に零細であったといえる。一方林業に関して、富来・河野（1981）によると、山林の大部分は私有林で、しかもその80％が村外地主となっているという。村内の林業従事者の大半は山子で、農業の傍ら植林、下草刈り、間伐に従事しているため、林業で栄えた日田地域のイメージとは異なり、中津江村民の林業による所得は低いものであった。さらに、大野（1982）は、林野を通しての支配・被支配の構造が戦前と基本的に変わっていないとし、「大林野所有と林業労働者の階層分化という農村地帯には見られない現象がみられる」（大野、1982：4）という。

中津江村の村民の生活構造を分析した先行的研究として、山本ほか（1998）の取り組みがある。山本の調査によると、都市部の「選択的小家族化」とは異なる、戸数減少率を上回る人口減少の進行という「過疎的小家族化」が進んでおり、それは日田市までの距離に比例することを明らかにしている（山本、1998：19）。また、村民の定住意識が高く（82.4％）、都会に住みたいと思う者は少ない（8.4％）ことが報告されている。高野（2009）は、村の地域集団に関する調査で、伝統的地域集団や年齢階梯集団への参加率の減少が目立つこと、市町村合併を機に自治会への参加率が上昇したこと、婦人会、講、老人会などの伝統的な地域集団の衰退とスポーツ、趣味、娯楽などの任意加入集団への参加の拡大がうかがえることを報告している（高野、2009：22）。さらに重要なこととして、高齢者の地域組織活動の状況について、集落を維持するために必要な社会組織と、親睦や娯楽的な要素の強いそれとが重層的に展開されていることを明らかにしている（高野、2009：20）。

最後に、区ごとに地域社会構造を確認する。まず鯛生であるが、近隣の世帯で構成される班は、[9] 1970年には27班が存在したが2005年の日田市への合併時に8班、さらに2011年には4班となっている。区長はこの現状を「アッという間になくなっていった。自分もいつ出ていこうかと話しているんですよ。あと5年もしたらここはホントなくなりますよ」と語っている。自治会の活動としては、総会のほか、月一回の役員会と敬老会行事や道路愛護活動ぐらいであり、自治会全体で何かするということは特にないという。自治会費も取っておらず、鯛生小学校の100年祭基金を活用しているということであった。集落ごとの常会も行われていない。金山の閉山とともに瓦解していく状況について、区長は、「鯛生はバラバラですよ。やっぱり金山の影響でしょうね。いろんな血が入ってきたり、そういった人との付合いがあったりですね」と語っている。また、先に述べた林野支配構造の影響もあり、元の有力者との関係が難しく、様々な地域での活動にまとまりがないと述べている。長い伝統のある地元の神社祭りについても、従来は総代がいて、氏子が交代で祭りを運営してきたが、今ではそれもできず、区長が毎年すべてを取り仕切っており、自分がいなくなったら祭りはなくなるだろうという。このように、閉山後、その独特の社会構造の影響もあり、一気に瓦解していく様相が確認された。

同じく上流域の山あいに位置する丸蔵も人口流出が激しく、高齢化の進んだ地域である。しかし、鯛生ほど村外からの来住者[10]の数は多くなく、徐々に進行していったと思われる。したがって、人口は大幅に減少したものの、１９７０年に16班に分かれていた集落は、２０１１年でも15班が存続しており、それぞれの集落で常会などの寄り合いも行われている。後述するように、地域の頼母子講が行われており共同性が強く残る地域であると理解される。また、青年層の集まりである「親和会」が地域運営に積極的に取り組んでおり、夏祭りの運営や中津江村の「ふるさと祭り」への出店なども行っている。自治会としては、１世帯年間６０００円の会費を集め、総会のほか、スポーツ大会や敬老会など様々な行事に取り組んでいる。自治会公民館の周囲には、行政に働きかけて造成されたグランドゴルフ場やゲートボール場があり、その維持管理に住民が積極的に係っている。宮園集落にある宮園神社では約８００年以上も続く「麦餅つき祭り」（大分県指定無形民俗文化財第一号）があり、丸蔵のシンボル的存在となっている。鯛生と同じく金山労働者が少なからず移住していたが、このことについて区長は、「都会から来た人が、一気にいなくなった後は、本当の中津江の人間だけ、ここに残って住まなくちゃいけない者だけが残った。そして、どうにか集落を維持してきたんです」と語っている。人口減少・高齢化、そして集落の小規模化という流れの中でも、丸蔵の人びとは共同的な関係性を引き継ぎながら日々の生活を送っているのである。

川辺は、役場や小学校・幼稚園などがある栃原地区、商店や小規模の事業所、商工会館、郵便局などがある川辺地区、さらに山あいに点在する集落で構成される中津江村の中心地である。班は１９７０年の19班から現在の17班とそれほど減少しておらず、集落単位での常会や清掃活動が行われている。自治会活動も盛んで、総会のほか、月１回の班長会議があり、組織も会長、副会長、会計、体育部長、環境福祉部長、教育文化部長などの役職が決められている。特に大きな行事は、10月に開催される自治会体育部主催のスポーツ大会で、計３日間にわたり実施されている。その他、日帰り研修会（毎年40名ほど参加）、年２回の防犯パトロール、年１回の防災パトロールが行われており、自治会関係の行事が月１回程度は開催されている。年間の自治会費は７２００円となっている。日田市や熊本県小国町への交通アクセスが良く、休日には市街地へ買い物や映画、習い事に行く人も多く見受けられる。また、公民館のサークル活動や自主的な地域活動グループもあり、自治会の組織化された活動と合わせて比較的地域運営がスムーズに行われている地域といえる。

野田は、４つの区の中で最も人口減少が少なく、高齢化率の低い地域である。しかし、もともと山あいの集落を中心に構成されており、１９７０年の人口数はもっとも少ない。水没した集落が2つあり、そのほとんどが挙家離村であったことから、集落消滅、人口減少に向かうところであったが、市営住宅の建設により、若い夫婦世帯が村内の他地区から移住したため、班の数自体は１９７０年と同じ8班となっている。移住してきた若い夫婦世帯は、特に鯛生や丸蔵の上流域からの移住であり、ほとんどの場合その親世帯は元の区に残っている。区の人口における市営住宅の占める割合は、40.4％（114人）、世帯数で34.3％（34世帯）となっており、山あいの住民と村内出身の団地住民が混住している地域といえる。市営住宅を含む各班では、今でも常会が行われている。しかし、自治会の活動は活発ではなく、総会と2か月に1回の役員会以外はほとんど行事等が行われていない。区長によると、市営住宅の住民は日田市などへの共働きが多く旧集落の住民とは生活時間が異なるため、自治会単位で何かやるということは難しいという。ただし、若い夫婦世帯が地域のことに無関心かというとそうではなく、班内での頼母子講や親世帯の住む区や集落の活動には比較的取り組んでいる。このように野田は、区という地域の枠組みではなく、市営団地を含む各班において一定の地域的共同性が存在しているといえる。

　ここまで見てきたように、中津江村は歴史的・地理的状況から見て、村として共同体的な統一感をもつ地域ではなかったのである。そのような状況であったからこそ、旧村役場の地域に果たす役割は、単なる行政組織という以上に大きかったともいえる。もともと大きな事業所や基幹となる産業がなかったため、旧村役場は貴重な雇用の場であったと同時に、村のリーダーを育てていく場でもあった。例えば、商工会女性部のGは、

「昔から、中津江は役場の職員が地域の核となって活動していたから、その周りに私たち村民があり、商店があり、という感じで回っていた。地域運営にはリーダーが絶対必要なのですよ。中

津江の場合、そのリーダーが役場だったのですよ」

と語っている。

各区の地域社会構造および生活構造が大きく変動し、区ごとの格差が生じていくという状況の中で、旧村役場は金山観光施設建設、スポーツセンター建設、そしてW杯カメルーンキャンプと発展論的な地域振興の仕掛けづくりを行ってきた。そして、これらの取り組みを通して、どうにか村全体の社会経済的な基盤を維持し、交流人口の維持に努めてきたといえる。その流れの中で、W杯カメルーンキャンプという出来事は、関連する様々なイベントや活動を含め、結果として中津江村民としての貴重な共同体験となり、彼らに一定の社会的統一感をもたらしたのである。その際、マスコミを通して全国民から注目されると同時に、自分たちもその視聴者として、自らが暮らす中津江村を再確認するという過程があったことも大きく影響したのではないかと思われる。[11)]

3　地域組織活動における青年たちの関係性

前節でみてきたように、中津江村の地域社会構造の変化は、住民の生活や地域に対する意識にも大きな影響をもたらしてきたといえる。ただし、その影響は村全体で一律に生じたものではなく、それぞれの区や集落において大きな差異が認められる。このように地域生活のあり様が変化していく中で、村の青年たちの地域組織活動はどのように展開されてきたのであろうか。まずは、本章の主題である「レリオン中津江」のメンバーの関係性についてみていきたい。

「レリオン中津江」は、W杯カメルーンキャンプの翌年となる２００３年に商工会青年部のメンバーを中心に結成された。結成時は、小学生から50歳ぐらいまでの50人ぐらいが参加し、楽しくにぎやかにやっていたという。しかし、徐々にサッカー経験のある若者が、村内外からチームに入ってきたこともあり、勝ちにこだわるのか、楽しくやっていくのか、ということが問題となった。そこで、監督とキャプテンのMが相談して、勝利を目指して取り組むことを決めた。その結果、メンバー数は減少したものの、２００４年には郡民体育祭で優勝し、県民体育祭に郡代表として出場した。２００５年からは日田市で開催されていたウインターリーグに参加し、２００９年まで出場した。また、島根県出雲市で開催されていた「キャンプ地市民サッカー交流試合」に２００４年から3年間出場し、２００４年、２００５年には優勝している。この遠征では村所有のバスを使用し、役場職員の帯同や村からの補助金などもあり、中津江村の公認的な行事となっていた。しかし、２０１０年にはメンバーの集まりも悪くなり、２０１１年は全く活動していないということであった。現在のチームには、村内に在住している、あるいは在住した13名[12)]を含む20名弱が在籍し、結成当時のメンバーも数名残っている。Mにチームが現在のような状態になった理由を尋ねると、若者の数が少ないということもあるが、チームとしての目的をどうするかということを決めたことが影響しているのではないかと述べていた。

それでは、現在もチームに残っているメンバーの関係性についてみていくことにする。図6―1にはメンバーの中で村内に在住している、あるいは在住した13名のうち、中心的にチームの活動に関わってきた11名の関係性について示した。

彼らを切り結ぶ関係性は、大きく仕事関係、地域関係、学校関係に分けられる。中でも、基盤となるような産業のない村では、青年たちにとって雇用の場の確保は大きな課題となっており、彼らの関係性においても重要な意味を持つ。金山閉山やダム工事終了後の村では、村役場と金山観光施設が貴重な雇用の場となっていた。しかし、それも日田市への合併や観光客の減少によって、その機能を極端に減少させた。IとKはともに中津江村役場職員であったが、２００５年の合併後は日田市の本庁勤務となり、Iは生活の拠点を完全に日田市に移している。金山観光施設で働いていたHとJも、現在は別の職に就き村外に転居している。このように若者の働く場の確保と定住問題は、彼らの関係性を維持するうえで少なからず影響を与えている[13)]。その中で、彼らはお互いの関係性をどうにか維持しようと試みているのである。例えば、チームの中心的存在であるMは従業員を12名ほど抱える小さな土木会社を経営しており、現在、Hの雇用を検討しているということであった。同様に、親子二代で大工を営むBも、仕事が少ないため日田市で出稼ぎ的就労に就いており、彼もまたM土木での雇用を申し出ているとのことであった。さらに、前述

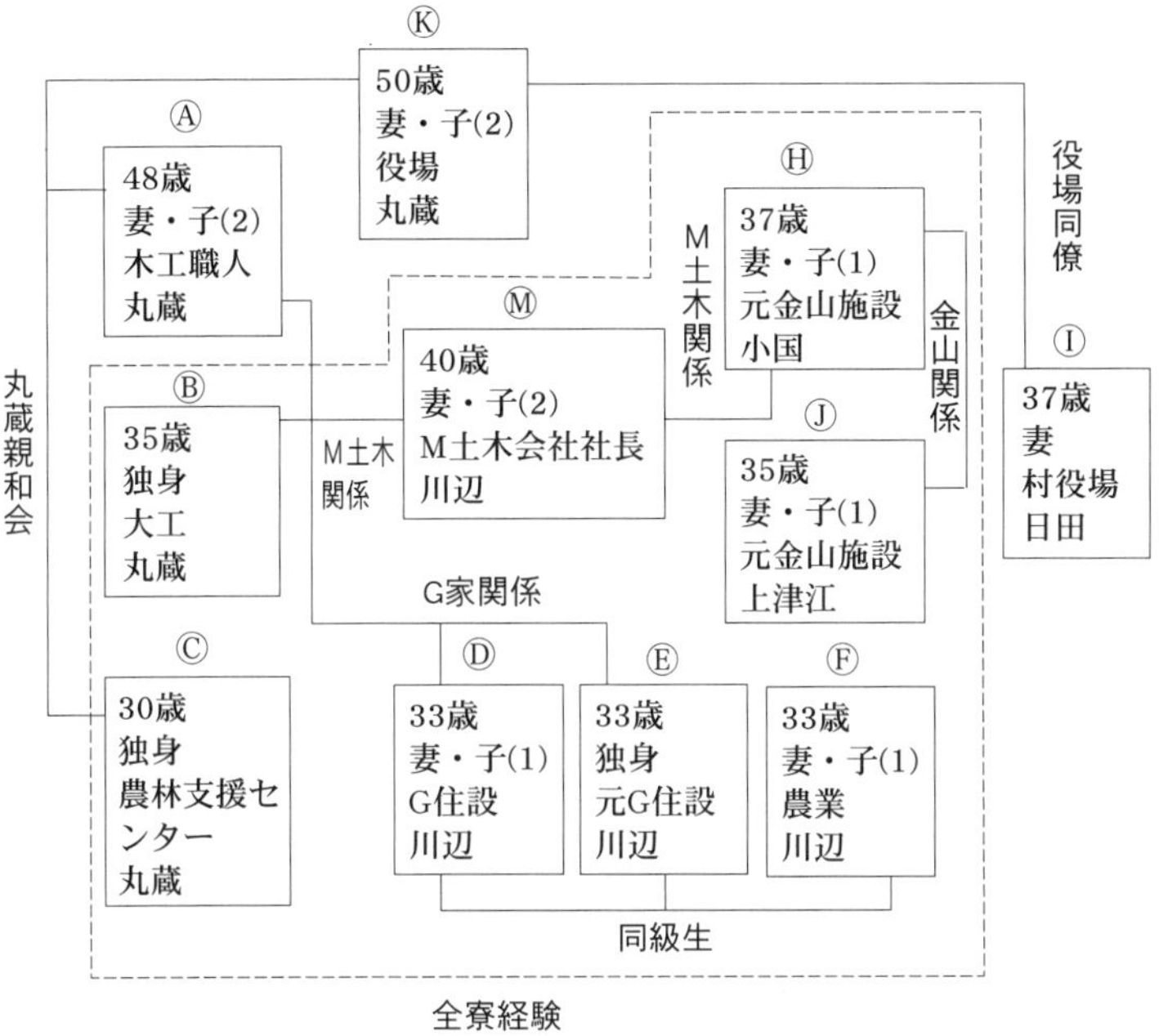

図6-1　「レリオン中津江」のメンバーの関係性

の商工会女性部のGの親族は、ガソリンスタンド、住宅設備会社、運送会社、商店を営んでおり、そのうち住宅設備会社の跡取りであるDのところで、同級生のEは職を得ていた。また監督のAはG家の出であり、Dとは従弟同士でもある。

次に、地域関係がある。特に丸蔵の「親和会」は、中津江村で最も活動の盛んな青年層の地域組織であるが、そのメンバーであるA、C、Kは、「レリオン中津江」の発足時からのメンバーでもある。「親和会」は丸蔵小学校の廃校を機に地区の青年たちが地域のことを考える場をつくろうと、1988年に結成された地域組織である。30歳代から60歳代までの20人弱のメンバーが、毎月地区内の6か所の公民館を回りながら定例会を実施しているほか、祭りの準備、地区のスポーツ大会や敬老会の開催などに取り組んでいる。Kによると、毎月必ず2～3回はみんなで集まって何かをやっているということであった。A、C、Kの3人は、このような地域の安定した関係の中で「レリオン中津江」に参加しているのである。

学校関係としては、D、E、Fのような同級生の関係もあるが、A、Kを除く全員が中学時代に寮生活を経験しており、学年、年齢を超えて同様の共同活動を経験している。村の中学校では、たとえ通学可能な距離にあっても、全員が寮に入ることになっており、Mによると、毎朝5時40分に起床し、全員で乾布摩擦、詩吟、縄跳び、朝礼、英会話などを行っていたという。Mは、非常につらい集団行動であったが今では自分たちの自慢でもあると語っていた。

このように彼らの間には、日常的あるいは継時的な複数の関係が存在しており、「レリオン中津江」は、地域に埋め込まれたこのような関係性をベースにして活動してきたのである。このことは、単なるスポーツを目的とする同好集団とは大きく異なる点であろう。つまり、彼らが「レリオン中津江」という地域スポーツ組織に身を置くということは、単にサッカーをするということでも、同じ地域に住む者がスポーツをするために集まっただけの関係でもないのである。彼らは、日常的な仕事や地域に関わる関係性を維持する過程の中でスポーツという場に集まったもの

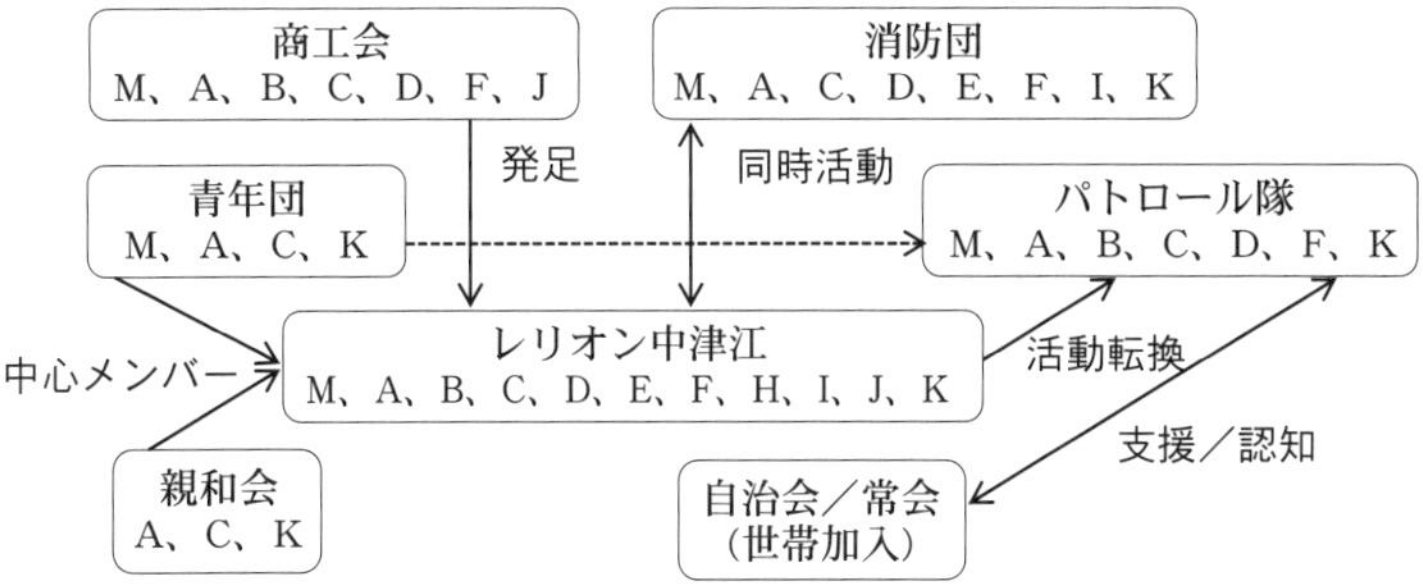

図6-2　青年層の地域組織の関係性

と理解される。そして、その関係性は、彼らが中津江村で繰り広げる日々の生活の中で、あるいは彼らが生まれる以前から切り結ばれた関係でもある。

次に、彼らの関係性を地域組織間の関係から捉え直してみたい。図６－２に、青年たちが関わる地域組織の関係性を示した。それぞれの組織に参加している「レリオン中津江」のメンバーをイニシャルで示している。

まず、青年団→「レリオン中津江」→「パトロール隊」という流れにおけるメンバーの継承ということが確認される。２００５年に解散した青年団には、M、A、C、Kが在籍し、MとCはともに団長を務めるなど中心的存在であった。W杯カメルーンキャンプでは、「カメルーン中津江ベースキャンプ実行委員会」の一員として、歓迎の立て看板作りを行うなどの活動を行っている。しかし、青年層の人口は年々減少し、２００５年の日田市への合併を機に青年団は解散したのである。その頃、前述したように「レリオン中津江」が結成され、彼ら4人はチームに加わることになった。さらに、2010年に「レリオン中津江」の活動が停滞し始めると同時に、「パトロール隊」が結成され、「レリオン中津江」のメンバーの大半がそれに加わることとなった。

ところが、このようなメンバーの継承は単線的に行われたのではない。そもそも「レリオン中津江」は、商工会青年部がその発足のきっかけをつくり、一方で中心的メンバーは「親和会」などの地域組織で日常的な活動に取り組んでいた。さらに彼らは、消防団で活動し、自治会の体育部として地区のスポーツ大会などを運営していたのである。このように、多くの若者が村外へ流出していく中で、残されたメンバーは重層的に地域の組織活動に関わってきたのである。

また、彼らの間で切り結ばれる関係のあり方について目を向けると、次のようなことが指摘できる。それは、「パトロール隊」について、Mが「青年団のOBがいっぱいいるから、昔の青年団ですよ」と語るように、また最も若いCが、「(参加することは)強制ですよ」(括弧内は筆者)と語るように、彼らの関係のあり方は青年団から引き継がれた強くて安定した関係性なのである。[14)] パトロール隊の活動では、車で巡回する2時間近くの間、彼らは子どもの結婚のこと、参加したお見合いツアーのこと、週末に村に現れた暴走族のこと、村の道路工事のことなどの会話に没頭しており、青年たちはそこでお互いの家族や地域のことに関する情報を共有していた。農林支援センターに勤務する者が、大阪からUターンしてきた理由を、「ここには慣れがある」と言うように、彼ら青年層が集う地域組織には、私生活にまで立ち入るような濃密で安定した関係のあり方が存在している。このような濃密で安定した関係のあり方が、重層化する地域組織の活動を通して青年層に共有され、このことが彼らに安定した生活をもたらしていると考えられる。

一方、このような地域組織の重層的展開は、女性たちや高齢者の活動にも見受けられる。婦人会は合併を機に解散したが、それまでは「村で何をするにしても婦人会だったわけですよ」（G）というほどその存在は大きかった。解散後、地域での女性たちの活動は、地区や集落、サークル等に分散していった。[15] しかし、元婦人会のメンバーはいくつもの地域集団に属し活動しており、青年層と同じようにそれぞれの活動場面で地域の情報が共有されていく仕組みがみられる。

高齢者についてみると、まず挙げられるのは集落の常会であろう。常会は世帯を加入単位としている伝統的地域組織の一つであるが、そこに集うのは高齢者がほとんどである。集落の衰退に伴い開催するところも減少しつつあるが、川辺や丸蔵ではほとんどの集落で行われているように、今なお、多くの地域で存続している。ただし、本来の税金常会という意味で活動しているところはほとんど見当たらない。単なる寄り合いや自治会の下部組織的な会合、あるいは頼母子講として行っているところなど様々であった。先の高野（2009）の指摘にもあるように伝統的地域集団は衰退の傾向にあるものの、常会などは形を変えつつ現在も維持されている。また、高野は、高齢者の地域活動の重層化と任意加入団体への参加の増加を指摘している。確かに、老人クラブやグランドゴルフ、ゲートボールなど個人の趣味・娯楽のための集団への参加が増加している。しかし、例えば丸蔵で行われているゲートボールは、だいたい木曜日の午後と決まっているが、ほとんどその通りに行われることはない。その都度、互いに連絡を取り、その時のメンバーの体調や気候、農作業の具合などにより変更され、集まるのも三々五々である。このように彼らの関係のあり方は、非常にゆるやかでありながら、安定したものなのである。それは、合理化・制度化された、あるべきスポーツの組織とは対極にあるようなあり方ともいえる。

ところで、中津江村においてこのような関係のあり方が引き継がれている証左の一つとして頼母子講[16]（以下「タノモシ」と表記する）[17]の存在があげられる。村では、今でもタノモシが若い世代を含め盛んに行われており、人によっては複数、多い人は7〜8つのタノモシに参加しているということである。

筆者が参与観察した丸蔵のタノモシは、比較的伝統的な方法に近いものであった。このタノモシは30年以上続けられており、現在15人が一口2万円の全22口を持ち寄って毎月開催されている。「合わせくじ」を用いて、その月にお金を受け取る2名を決め、受け取った人は翌月から利子の500円を加えて払っていくことになっている。掛け金のやり取りが終わった後は、宴会へと移る。昼食をとりながら酒をかわし小1時間ほどの雑談が繰り広げられる。話の内容は、先のパトロール隊と同様、地域のこと、農作業のこと、そして互いの暮らしぶりなどが中心である。ほどなくするとゲートボールのリーダーらしき人が隣のコートで準備を始め、食事を終えた人が順次集まりプレーが始まる。ゲートボールの最中も、地域のことや老人クラブのことなど取り留めもない話が繰り広げられ、なんとなく終了していく。

聞き取り調査によると、本来、タノモシは伊勢神宮へのお参りや子どもの進学や結婚、あるいは車の車検など、ある程度まとまったお金が必要なときに利用するものであり、丸蔵のタノモシが始められた30年ほど前は、村内でもそのような金銭的な相互扶助の意味合いの強いタノモシが多数みられたという。現在では、年金受給や給与の振込などで金融機関を利用する人が多く、金銭的相互扶助として行われるタノモシの数は少ないということであった。しかし、ここ中津江では形や方法を変えながらもタノモシが長年続けられているのである。比較的若い人たちの間では、月1回メンバーが集まり、積立金が集まった時点で旅行に行くものや順番で集まったお金を受け取るものなどがある。自営業を営むGのご主人は、地域の人たち、ゴルフ、仕事関係など合わせると8つのタノモシをしており、それぞれに方法は異なるということであった。

タノモシに集うメンバーの関係について、鯛生の区長は「タノモシは強烈な関係がないとできない。1回で二十万円ぐらいのお金が動くでしょ。それこそもらった翌月から来ないというのでは困るでしょ。だれも知らん人は入れないでしょ」と語る。川辺の区長も同様に「比較的近い世代であつまるが、世代の異なる若い人もはいっている。次の世代の人には積極的に道を譲るが、酒の注ぎ方やしきたりについては私たちがちゃんと教えますよ」とその関係の強さを示していた。また、野田の区長は「友人まではいかないけど、仲間という感じですよね」という言い回しをしている。つまり、タノモシにおける関係性は、友情といった感情的側面だけで結ばれるのではなく、同じ地域に住む者同士、趣味を持つ者同士、あるいは同業の仲間としての共同関係がベースとなっていると考えられる。鈴木栄太郎（1968）によると、同じ講の一種である無尽を利益社会的であるとし、一方で頼母子講については、共同社会的性格を有するものとしている（鈴木、1968：346）。また、内山（2010）は「都市の共同体はお金を用いた助け合いの仕組みを講というかたちでつくりだしていた。私有財産であるお金を他者のために使う仕組みをである。自分たちとともに生きる世界をつくりあげるためには、それが必要だった」（内山、2010：174）と述べている。今でも中津江村では、このようなタノモシを作り上げるような濃密で安定した関係のあり方が引き継がれているのである。[18)]

このように見てくると、W杯カメルーンキャンプにおいて、中津江村という共同体的な側面が表象されたのも、一つにはこのような濃密で安定した関係性が下支えとなっていたと考えられる。元村長は、当時を振り返り「村民が動き出した」（坂本、2002：95）として、様々な地域組織の自主的な取り組みを紹介している。また、「カメルーン中津江ベースキャンプ実行委員会名簿」（坂本、2002：273）には、消防団、青年団、商工会、自治会（鯛生、丸蔵、川辺、野田）、「五和会」、「二五会」、「女性の集い」など本章でも取り上げた多くの地域組織が名を連ねている。ここまで確認してきたように、これらの組織活動は重層的に展開され、地域の情報を共有していく仕組みとなっていた。W杯カメルーンキャンプは、村に潜在的に引き継がれてきた関係性の網の目の中で、それぞれの地域組織が連なる契機となり、一時的に村としての統一感を生み出したものと理解される。[19)]

4　農山村社会における地域スポーツ組織の社会的意味

現実的には、中津江村全体として経済が低迷し、村民の地域活動も一見衰退しつつある中で、W杯カメルーンキャンプの実体的な効果は持続的なものではなかった。そのような流れの中で、「レリオン中津江」は活動休止に至ったのである。しかしそのことによって、地域スポーツ組織としての「レリオン中津江」の社会的意味が貶価されるべきものではないと考える。ここまでみてきたように、青年層の生活との関連の中で捉え直すことにより、彼らに共有された関係のあり方の継承という意味を見出すことができたからである。それは、縮小型社会における地域組織活動の重層化と中津江村特有のタノモシ的関係性が土台となっていることも分かった。

では、最後にそのような関係性の継承という視点を踏まえて、地域スポーツ組織の社会的意味について検討してみたい。スポーツ公共圏を論じる松尾（2010）も「従来、スポーツクラブは、スポーツ愛好者による楽しみ集団として、居場所という『つながり』の機能を担ってきた」（松尾、2010：166）として、人びとが共時的に結びつく場としての地域スポーツ組織を評価している。確かに、「レリオン中津江」は村の青年層を共時的に結びつけたスポーツの場として捉えられる。しかし、一方で松尾は、いかに「クラブ自身が私的生活圏から公共圏へと変容する」（松尾、2010：179）ことができるかが重要であるとし、普遍主義的な個人の自由に基づく自律的連帯主義とスポーツの持つコミュニケーションの場としての機能が重要であるとする。つまり、ここでは地域スポーツ組織活動を通して目指されるべき関係のあり方が示されているのである。このような関係のあり方が構築されることによって、当該地域社会における地域スポーツ組織の社会的意味が問われることになるのである。しかし、働く場を失い、若者が次々と村外へと流出していく中津江村の青年たちにとっては、そのような新たな関係性を構築していくことよりも、これまでの彼らの関係性をいかに引き継いでいくことができるかということが重要なのである。

W杯サッカーという華やかな場面で、サッカーを通して元青年団のメンバーを中心に村の青年層が結びつけられた「レリオン中津江」は、スポーツ活動の場としては消滅しつつあるが、そこで共有されていた関係性は現在のパトロール隊へと引き継がれたとみられる。それは、決してメンバーの自律的連帯主義のもとに内発的に展開されていく様相ではなかった。どちらかというと、日常的な生活の中に息づいてきた関係性が継承されていく過程の中で引き起こされたものであった。この時、スポーツの気軽さと実体的な関係性のあり方が、青年たちを結びつけていくグループの形成に重要な役割を果たしていたと考えられる。それは理念的に創りあげられた関係性ではなく、地域的事情を反映させるような実体のある関係性である。つまり、「レリオン中津江」という地域スポーツ組織は、村に「一定期間存続する団体」（鈴木、1968：341）として存在することによって、そのような実体的な関係性を継時的につないでいく場としての社会的意味を担ってきたといえるのではなかろうか。

従来の地域スポーツ研究では、スポーツ組織が「地域に根ざし」（厨、1990：18）、いかに地域社会形成に寄与するかが「問題」とされてきた。それは、現代スポーツが地域の枠を超え、共時的に人びとを結びつけるという特徴を有するからであろう。現に、中津江村の青年たちも、サッカーというスポーツによって、彼らの結びつきの範囲を地区から村全体へそして合併後の日田市へと拡大させていった。[20] しかし、そのようなメンバーの範域の拡大があっても、「レリオン中津江」は、村内の潜在的、日常的な関係の網の目の中に在り続けることで、青年層の関係のあり方を継承するという社会的意味を担ったと考えられる。これまでスポーツは、地域社会形成という課題に対して過大な期待を背負わされてきたように思われる。本章で明らかにされたことは、決してそのような期待に応えるようなものとは言えない。ここで示してきた「レリオン中津江」の社会的意味は、地域社会におけるスポーツを、相対的に自立した存在として捉えることによって見出されるものである。このような視点は、日本社会全体が縮小型社会へと転換していく中で、持続可能な地域社会と地域スポーツ組織の関係を検討する際に重要なものとなるであろう。

注

1）鯛生金山は、明治時代に発見された金鉱山で、最盛期（１９３４年～１９３８年）には、年間産出量日本一に達した。１９７２年に閉山したが、１９８３年に地底博物館として開館し、２０００年に道の駅登録、周辺の家族旅行村と合わせて金山観光施設となっている。

2）松尾（2010）は、「公共圏の成立を意図的、自覚的にクラブづくりの視点として組み込むことが重要なのである」（松尾、2010：181）とし、その内発的発展に期待する。

3）後述するように、「レリオン中津江」のメンバーは、元青年団であり、消防団やパトロール隊のメンバーでもある。パトロール隊における参与観察（２０１１・７・26）では、それぞれの生活の内部にまで深く踏み込んだ会話が展開されていた。また、彼ら青年層のグループで展開される会話からは、年齢を中心的基準として、出身集落、職業、親の職業などによる階層的な関係性が確認された。

4）現地調査は、２０１１年5月～２０１２年1月（計51日間）に行われた。調査期間に行った主な参与観察、聞き取り調査は以下のとおりである。
参与観察：丸蔵地区頼母子講、パトロール隊巡回・懇親会、鯛生・川辺地区神社祭り、川辺地区スポーツ大会・懇親会、中津江村ふるさと祭り
聞き取り調査：S（中津江村元村長）、H（元スポーツセンター所長）、M（パトロール隊隊長）、G（主婦、61歳）、丸蔵区長（元役場職員）、鯛生区長（元郵便局局長）、川辺区長（自営業）、野田区長（元役場職員）

5）中津江村の概要、産業、沿革に関しては、富来・河野（1981）、大野（1982）、齋藤（1982）の報

告、および日田市中津江振興局から提供された資料を参照した。大分大学教育学部では、１９８２年に当時廃校になった小学校を引き取り「地域教育中津江研修所」を設立した。富来らの一連の調査・研究は、研修所設立を機に実施されたものである。

6）人口、世帯、高齢化率に関するデータは、日田市中津江振興局作成の資料に基づく。

7）１９７３年に完成した筑後川水系の下筌・松原ダム。ダム建設に伴って繰り広げられた日本最大級のダム反対運動「蜂の巣城紛争」の舞台としても知られている。

8）聞き取り調査によると、当時は、鯛生に映画館、クラブ、ダンスホール、病院、銀行などもあり、最も山深いところでありながら海産物なども容易に手に入ったといわれる。また、鯛生小学校は大分県で最も児童数の多い学校でもあった。

9）中津江村の班は、概ね旧集落単位で構成されている。班の推移については、日田市中津江振興局作成の資料に基づく。

10）村外からの来住者は、金山閉山後はそのほとんどが村外への移住者となった。

11）Ｗ杯カメルーンキャンプについて尋ねると、ほとんどの人が中津江村のことや村人がテレビで取り上げられたことを現在でも誇らしげに話をしてくれた。

12）後述するように急激な勢いで過疎化が進む中津江村では、村内で若者の働く場が限られている。結成当時は村内に在住していたものの、その後、職を求め村外に転出せざるを得なかった者がいる。

13）図６−２に示す通り、Ｈは「レリオン中津江」以外の地域組織には参加していない。また、ＩとＪはそれぞれ商工会と消防団には籍を置くものの、村外に居住していることからほとんど活動していないという。

14）青年たちの会話の中には、年齢を中心的基準として、出身集落、職業、親の職業などによる強い関係性が確認された。

15）例えば、商工会女性部、一五会、女性の集いなどがある。商工会女性部は村全体を範域とするメンバーで構成され、日田市合併時に婦人会が解散した後は、それまで婦人会に依頼されてきた事柄の多くが商工会女性部に任せられるようになったという。一五会は、栃原の女性の小さな会で毎月15日にタノモシ的に開催している。女性の集いは１９９１年に結成され、２００５年に結成し、祭りやイベントの手伝いを自主的に行っている。W杯カメルーンキャンプではボランティアの中心的存在であった。

16）講は、江戸時代に「遊行」を禁じられた修験者が各地に定住し、住民を組織する形で広がったとされる。内山（2010）によると、講は信仰集団であると同時に娯楽集団であり、また助け合い集団でもあったという。

17）中津江村の頼母子講は、本章に示すように本来的な意味から大きく変化していることがうかがえる。そこで本章では、村民たちが表現するように「タノモシ」と表記することとした。

18）哲学者の内山（2010）は、このような現代の村にも伝統的に引き継がれる関係性のことを「小さな共同体」と表現している。彼によると、共同体とは「共有された世界をもっている結合であり、存在の在り方」であり、「共有されたものを持っているから理由を問うことなく守ろうとする。あるいは持続させようとする。こういう理由があるから持続させるのではなく、当然のように持続の意思が働くのである」（内山、2010：82）としている。そのうえで、共同体を二重概念だとし、「ひとつひとつの小さな共同体も共同体だし、それらが積み重なった状態がまた共同体」（内山、2010：76）であると述べている。このことを参照するならば、本章で見てきた「レリオン中津江」や「パトロール隊」なども一つの「小さな共同体」としての解釈が可能である。

19）村では、前述したように金山観光施設建設、スポーツセンター建設、そしてW杯カメルーンキャンプと発展論的な地域振興の仕掛けづくりを行ってきた。この他にも、毎年１月に村の予算を使った村民総出の新年の宴会なども行ってきた（坂本、2002：95）。このような行政からの働きかけが村民の一体感を醸成していくには、今回確認したような潜在的な関係性が必要である。「カメルーン中津江ベースキャンプ実行委員会名簿」（坂本、2002：273）からは、本章で取り上げた人物たちが複数の地域組織の一員として関わっていることが確認される。[20]

Mによると、日田市のウインターリーグに参加しているときは、日田市内などの近隣市町村からサッカー経験者が数名メンバーに加わっていた時期もあるという。

カメルーンチームのキャンプ地となった鯛生スポーツセンター

第7章　地域における少年サッカークラブの変遷過程と指導者の生活
―熊本県熊本市を事例に―

1　本章のねらい

本章では、地域で活動する少年サッカークラブの変遷過程に着目する。地域スポーツ組織である少年サッカークラブは、子どもたちのスポーツ活動の場としての役割を担う。同時に、指導者の活動の場でもある。本章では指導者の生活という視点から、地域における少年サッカークラブの社会的意味について検討する。このように指導者に着目する理由として、昨今の大学や専門学校におけるスポーツ指導者養成コースの増加が挙げられる。今後、スポーツ指導者として暮らしていく者の増加が予想される。また、２０１１年に制定されたスポーツ基本法では、指導者の養成と活用が基本的施策の一つとして掲げられており、政策的な後押しも強まるものと思われる。特に、サッカーの指導者を取り上げる理由には、Ｊリーグが発足して20年、多くのサッカー選手が競技者とは異なる生活を営み始めているということがある。[1)] 日本におけるサッカー競技者は、年齢階梯別さらには競技力別の２つのピラミッド構造内を移動している。[2)] 多くのサッカー競技者が、このピラミッド構造内を移動し、いずれかの段階で制度的なサッカー競技の場から離れていくわけであるが、[3] 中には、指導者として留まり続ける者たちが存在する。その背景には、Ｊリーグによる育成組織の整備や後述するような地域における少年サッカークラブ[4]の存在がある。これまでであれば、競技からの離脱と共にピラミッド構造の外へと移動していた者たちが、その構造の内部に指導者として居続けているのである。

ところで、本章では以下のことに留意しておかなければならない。まず、少年サッカークラブの社会的意味を検討するという場合、子ども（選手）、保護者、関係団体、学校など様々な視点から総合的に検討されるべきであろう。したがって、ここでは指導者の生活という限られた視点から検討するため、そこから導き出される命題に関する過度の一般化は避けなければならない。しかし、指導者の生活から捉え返される少年サッカークラブの社会的意味は、これまで単なるスポーツ活動の場として捉えられ議論されてきた地域のスポーツ組織のあり方に重要な示唆をもたらすものと考えられる。また、事例として取り上げる指導者たちに関する課題も挙げられる。ここで取り扱う指導者たちは、指導そのものを生業とする、あるいは、しようとする者たちである。実際の少年サッカークラブには、ほかに職業を持ちボランティアとして指導する者やアルバイトも大勢いる。そのため、事例としての妥当性に関する問題が指摘される可能性がある。しかし、本章で後の分析結果からも分かるように、熊本市の少年サッカークラブの変遷過程においては、取り扱うような立場の指導者たちが中心的な役割を担っていることも事実である。したがって、そのような指導者たちの視点から、地域における少年サッカークラブの社会的意味について議論することは十分に意義のあることだと考える。

以上のことを踏まえ、本章では、少年サッカークラブの変遷過程を、指導者の生活歴に跡付けながら、その社会的意味について検討することとした。

2　調査の方法と対象

本章では、表7－1に示した熊本市内の主な少年サッカークラブ[5)]および熊本県サッカー協会（事務局員）を対象に、資料収集、聞き取り調査を行った。また、表中にあるE、M、Sの各クラブで指導する3名を対象に、これまでの経歴や指導および生活に関することについて聞き取り調査を行った。調査期間は2012年6月から2013年2月までとした。

聞き取り調査の対象とした指導者の概要は以下のとおりである。

Eクラブで指導者するKは、熊本市出身の38歳である。介護士の妻（31歳）と1歳の子どもと3人で暮らしている。B、F、U、R、A、Eと複数のクラブで指導し、Eクラブで7年目を迎える。

Aクラブで指導するMは、S県出身の36歳である。38歳の看護師の彼女とその子（中学1年、

表7-1　調査対象とした熊本市の主な少年サッカークラブ

	クラブの概要	会費 （6年・3回/週の場合）
A	有限会社（資本金300万円）として運営。県外の強豪高校やＪユースへの進学・移籍の実績を特徴とする。専任の４名のほか学生アルバイトで指導。専任のうち２名は元Ｙクラブの指導者であり、２名はＹクラブ時代の教え子で内１名は元Ｊリーグ選手。キッズ～ジュニアユースで約100名が在籍。	入会金：5,000円 年会費：12,000円 月会費：9,450円
B	ＮＰＯ法人として運営。Ｊリーグを目指した社会人クラブの下部組織としてスタート。親会社が倒産後、トップチームは解散、元選手たちが下部組織を存続した。専任の５名ほか、クラブ卒業生や元地域リーグ・Ｊリーグ選手がアルバイトやボランティアで指導。キッズ～ジュニアユースで約300名弱が在籍。	入会金：10,000円 年会費：12,000円 月会費：8,500円
E	Ｂ・Ｕ・Ａクラブと渡り歩いた元地域リーグ選手が個人事業主の支援を受けて設立。キッズ～ジュニアユースとスクール生合わせて80名程度。専任の指導者は４名。自前のグランド（借地料：月額40万円）を持つことが特徴。2013年３月に解散予定。	入会金：5,000円 年会費：6,000円 月会費：7,000円
H	九州内で社会教育等の事業を展開するＮＰＯ法人の健康・スポーツ事業部として活動。専任の６名ほか学生アルバイトで指導。Ｊリーグのユースや県外の強豪校に進学。キッズ・ジュニア・ジュニアユースで約300名弱が在籍。３年連続全国大会出場、全国ベスト８（10年、11年）。	入会金：なし 年会費：16,000円 月会費：7,350円
M	２つのクラブが合併して設立、現在は有限会社として運営。熊本県内12ヵ所で活動。地元企業の支援を受け、経営を多角化。専任の７名のほか元クラブ生がアルバイトとして指導。会社代表は元日本高校代表で元Ｙクラブの指導者。専任のうち３名が元Ｙクラブ指導者。１名は元地域リーグ選手。キッズ～ジュニアユース、社会人、レディース約350名が在籍。	入会金：5,250円 年会費：10,500円 月会費：8,240円
R	Ｂクラブから分裂する形で設立。以前はトップチームもあった。専任の指導者２名のほかトップチーム選手がボランティアとして指導。トップチームが弱体化するのと同時に、2007年に残った会員と指導者１名がＢクラブに吸収された。	活動停止
S	地元テレビ局と提携。サッカー以外にも体操、野外活動のスクールも展開。専任２名で指導。１名（元Ｙクラブ指導者）は体操、野外活動を担当。１名は元地域リーグ選手で、Ｂクラブからの移籍。キッズ～ジュニアユースまで約200名が在籍。	入会金：5,000円 年会費：5,000円 月会費：8,500円
T	鹿児島市に本社を置く株式会社。九州・中国地方の14都市で活動。主に幼稚園の体育指導を中心に事業展開してきたが、近年は少年サッカーのチーム運営に力を注ぐ。送迎システムの充実が特徴。専任の５名で指導。幼稚園の園庭や小学校、公共施設を回りながら活動している。熊本の会員数は～ジュニアユースで600名程度。ジュニアまでの会員数は最大規模だが、部活や他クラブへ移籍が多い。	入会金：2,800円 年会費：1,000円 月会費：7,350円
U	トップレベルの選手育成を掲げて、Ｒクラブから分裂する形で設立。2007年に全国大会で３位に入るなど好成績を収めたが、会員の減少とスポンサー企業の倒産により2009年に活動停止。ジュニアとジュニアユースで80名程度が在籍した。指導者は４名で、元Ｂ・Ｒクラブ指導者や元Ｊリーガーであった。	活動停止
Y	熊本県内最古のクラブ。公益財団法人、学校法人、社会福祉法人を併せ持ち、子どものスポーツスクール（サッカー、水泳、体操）をはじめ、幼稚園・専門学校経営、生涯学習講座等の事業及び施設経営を行う団体。熊本県内６ヵ所の拠点施設を有する。サッカー指導者のうち２名は元地域リーグ選手。キッズ～ジュニアユースまでのサッカー会員で300名以上、スポーツスクール会員は1,000名以上となる。	入会金：6,000円 年会費：10,500円 月会費：9,450円
Z	人工芝のフットサル場を経営する会社が運営するクラブ。Ａクラブから分裂し設立。ジュニアのみで約60名が在籍。横浜マリノスと業務提携し選手派遣、横浜遠征などを行っている。元Jリーガーと元Jリーグ下部組織指導者の2名で指導。ジュニアのチームとスクールを展開。	入会金：10,000円 年会費：12,000円 月会費：10,500円

2年）と同居している。Yクラブで指導者としての道を歩み始め、Aクラブに移って6年目を迎える。

Bクラブで指導するSは、E県出身の42歳、独身である。大学卒業後、Bクラブのトップチームに入団し、2年目から少年サッカーの指導者を兼務するようになった。トップチーム解散後、Rクラブの指導者兼選手に移動、その後、再びBクラブに移り5年目を迎える。

3 熊本市における少年サッカークラブの状況

少年サッカークラブの状況について、まずは、熊本県全体の動向を確認しておきたい。熊本県では各小学校に部活動が存在しており、多くの小学生が4年生になると部活動に入部することになる。熊本県サッカー協会から入手した１９９６年以降の協会登録チーム数および選手数のデータを部活動・クラブ別に再集計しその推移を確認した。クラブについては、スポーツ少年団と商業的なクラブの両方を含むこととし、同一クラブ・部活で複数チーム登録している場合は、活動場所・指導者が同じチームは同一チームとしてカウントした。その結果、１９９６年に部活動２３９チーム（７６６５人）、クラブ10チーム（３１０人）だったのが、２００５年に部活動１５９チーム（４７１５人）、クラブ45チーム（１３４７人）、さらに２０１１年に部活動１０４チーム（３２７１人）、クラブ54チーム（１８７７人）となっていることが分かった。少子化の影響のもと、全登録チーム・選手数の漸減と同時に部活動チーム・選手数も減少しているのに対して、逆にクラブチーム・選手数は増加している。このことから、熊本県全体として、子どもたちのサッカーの場が部活動からクラブへ移動していることが分かる。

次に、熊本市の状況を見ていく。図７－１（チーム数）及び図７－２（選手数）に示すように、熊本県全体よりもさらに部活動からクラブへの移動が著しいことがうかがえる。熊本県内でも、特に熊本市のような都市部においてクラブへの移動が一層進んでいるということである。[6] また、２００６年以降に部活動の登録が急激に減少している。その大きな理由は、日本サッカー協会による指導者資格登録の義務付けに伴い、県サッカー協会に登録しない「部活動リーグ」ができたことが挙げられる。このリーグへは61校、約３０００人が参加している（２０１２年度）。後述するように、この指導者資格登録の義務化は、熊本市における少年サッカー指導者の活動の場の拡大を後押ししたといえる。

４　熊本市における少年サッカークラブの変遷過程

熊本市の少年サッカークラブの変遷について確認するため、表７－２に、主要な少年サッカークラブの変遷を日本サッカー界の出来事と合わせて示した。

１９６５年に日本サッカーリーグ（ＪＦＬ）が開幕し、１９６８年にはメキシコオリンピック

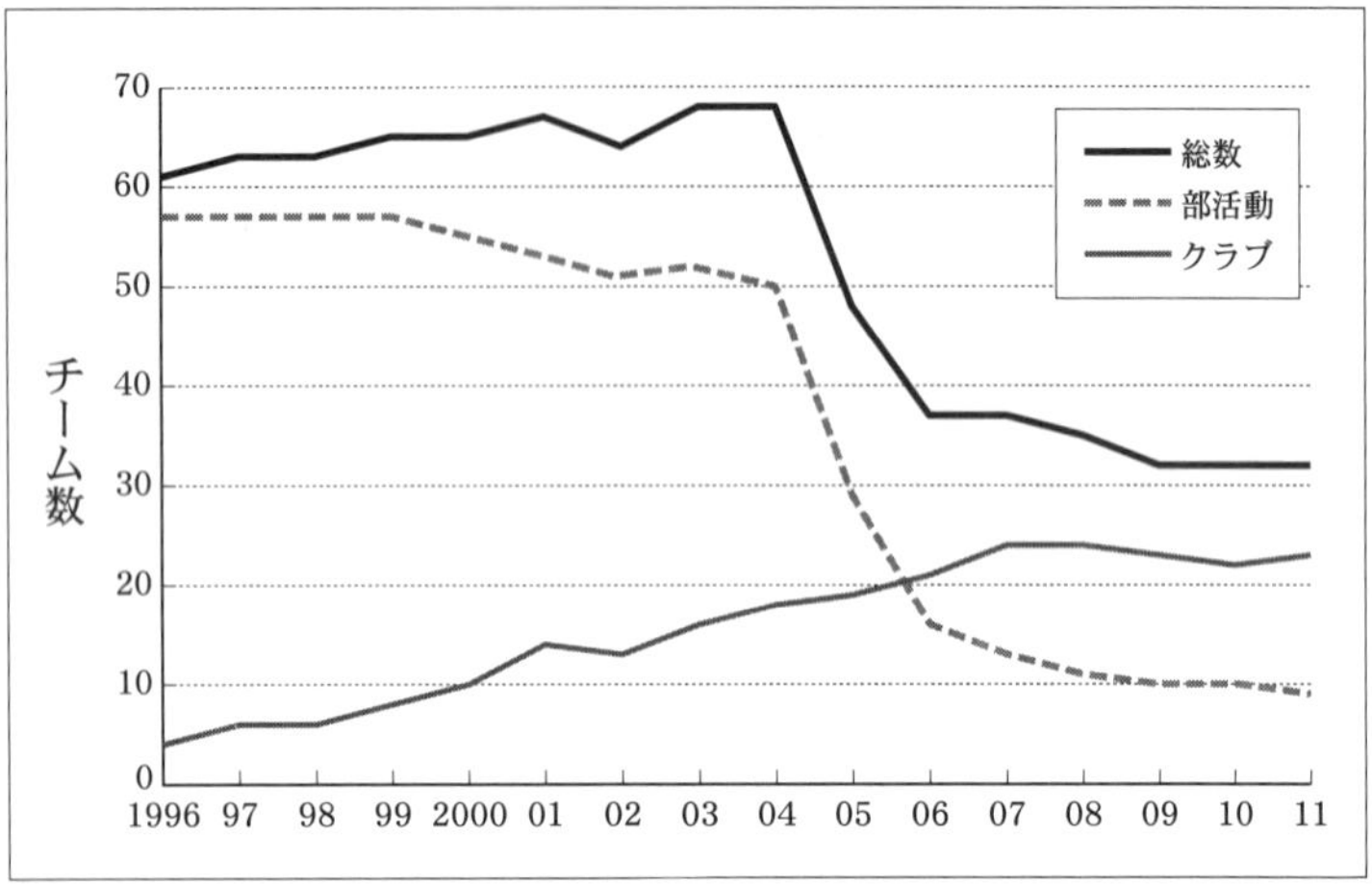

図7-1　熊本市の登録チーム数

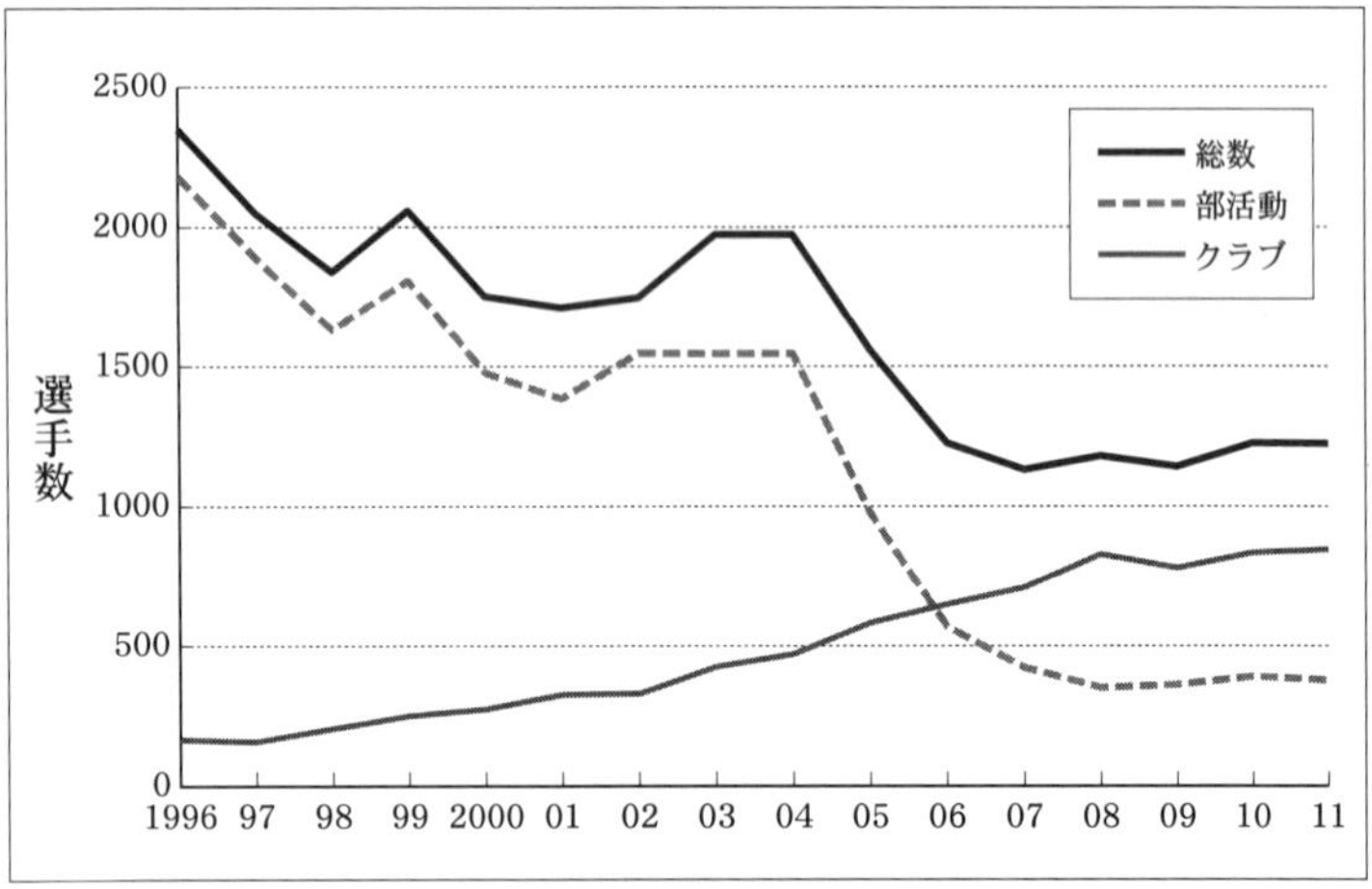

図7-2　熊本市の登録選手数

表7-2　熊本市の主要少年サッカークラブの変遷と日本サッカー界の出来事

年	出来事
1965	日本サッカーリーグ開幕
1967	Ｙクラブ設立（県内初）
1968	メキシコオリンピック銅メダル獲得
1970	部活動の社会体育化（県教育委員会通達）
1971	「公認リーダー」養成開始
1977	第１回全日本少年サッカー大会
1978	部活動の復活（県教育委員会通達一部改正）
1982	Ｂクラブトップチーム設立・少年サッカースクール開始
1991	地方の指導者不足解消ためＣ級コーチを新設
1992	プロチームの指導資格として「Ｓ級」新設
1993	Ｊリーグ開催
1994	ＢクラブトップチームＪＦＬ入れ替え戦（～98年）
1997	Ｒクラブ設立（←Ｂ）　登録数：部活57、クラブ６
1997	97年　W杯初出場
1997	「公認少年少女サッカー指導員（現D級」を新設。
1998	Ｆクラブ設立（←Ｙ）
2000	Ｓクラブ設立（←Ｙ）
2001	Ａ（←Ｙ）・Ｕ（←Ｂ）クラブ設立　登録数：部活53、クラブ14
2002	Ｂクラブトップチーム解散
2002	日韓W杯
2003	Ｔクラブ設立
2004	Ｍ（←Ｙ）・Ｚ（←Ａ）クラブ設立　登録数：部活50、クラブ18
2004	キッズリーダー養成開始、リフレッシュ研修会のポイント制導入
2005	登録チームにおけるD級コーチ以上の資格取得の義務化
2005	部活動リーグ（60チーム、3,000人）
2005	Ｈクラブ設立　登録数：部活29、クラブ19
2007	Ｒクラブ解散（→Ｂ）、Ｕクラブ全国大会３位
2009	Ｕクラブ活動停止
2011	Ｈクラブ全国大会ベスト８（２年連続） 登録数：部活９、クラブ23

で日本代表チームが銅メダルを獲得した。子どもたちの間にも徐々にサッカーが浸透し始めたこの時期に、Ｙクラブが熊本県初の少年サッカークラブとして設立された。しかし、当時、小学生のスポーツ活動は部活動が中心であったため、１９８２年にＢクラブが設立されるまで、Ｙクラブが県内唯一の少年サッカークラブとして活動していた。この間、熊本県内の小中学校では、部活動の社会体育化（１９７０年）とその後の部活動の復活（１９７８年）という一連の出来事があり、このことが後の熊本の少年サッカークラブ事情に大きな影響を与えることとなった。[7)]

１９６４年の東京オリンピック以降、熊本でも子どもたちのスポーツ熱は高まり、部活動における勝利至上主義を伴う過熱ぶりが問題となっていた。特に、教師の勤務時間の問題や児童生徒の対外試合への参加基準が議論された。そのような中、部活動中の事故に関する訴訟が起こされ、熊本市は賠償金の支払いに応じることとなった。このことが一つの要因となり、１９７０年11月に熊本県教育員会は、「児童・生徒の体育、スポーツ活動について」を各学校長に通達し、午後5時以降の部活動を社会体育として位置付けることとした。しかし、その後、部活動指導に対する教員特殊業務手当の運用、日本学校安全会法の改正による死亡・疾病見舞金の増額、さらには学習指導要領において部活動が教育活動として位置付けられたこともあり、１９７８年3月熊本県教育委員会は先の通達の一部改正を行い、再び部活動を学校管理下に置くこととした。これ以後、熊本県における小学校のスポーツ活動の場は部活動が中心となり、他県のようなスポーツ少年団の設立は大幅に遅れることとなった。[8)]

このような経緯があり、熊本の小学生のスポーツ活動は、現在でも部活動がその中心となっているが、サッカーに限っては徐々にクラブへとシフトしていくこととなる。その背景として、Ｊリーグの存在が挙げられる。１９９３年のＪリーグ創設が確定すると、地方にはＪリーグ入りを目指すサッカーチームが立ち上げられた。熊本のＢクラブもその一つであった。Ｂクラブは、他のＪリーグチームに倣う形で、設立と同時に下部組織として少年サッカースクールを立ち上げ、のちにクラブ化している。

また、日本サッカー協会は早くから指導者養成に力を注いでおり、１９７１年に「公認リーダー」の養成を開始し、１９９１年に「Ｃ級コーチ」を新設、１９９２年にはプロチームの指導資格として「Ｓ級コーチ」を新設した。このような専門資格の付与によって、顧問教員が指導する部活動とは異なる少年サッカークラブの指導者の存在が認知されるようになった。

加えて、１９７７年に始まった全日本少年サッカー大会の存在も大きい。日本サッカー協会、読売新聞社、日本体育協会が共催する同大会は、少年サッカーの最高峰と謳われ、少年サッカークラブにとっては最大の目標となる。しかし、同大会にはスポーツ少年団を中心とするクラブチームが参加するため、単一小学校で構成される熊本の代表チームは常に苦戦を強いられていた。そういう状況の中で、１９９７年にＢクラブが初めて熊本のクラブチームとして出場し、その後、

2012年度まで13年連続でクラブチームが代表となっている。また、同年には日本代表チームが初めてW杯に出場したこともあり、国民のサッカーへの関心が高まった。熊本でも競技力向上や技術指導を明確に打ち出した少年サッカークラブが注目されはじめ、1997年には熊本市で6つのクラブが活動を始めた。

その後、2002年の日韓W杯を経て、少年サッカー人気は高まりを見せ、熊本では次々とクラブチームが設立されていった。Yクラブから指導者たちが独立する形で、Fクラブ（1998年）、Sクラブ（2000年）、Aクラブ（2001年）、Mクラブ（2004年）が立ち上げられ、BクラブからUクラブ（2001年）、AクラブからZクラブ（2004年）が分裂し設立された。その他、県外で活動していたTクラブの熊本への参入（2003年）などもあり、2004年の時点で18クラブ（部活動：50チーム）が設立された。その頃、日本サッカー協会が、指導者資格制度における「リフレッシュ研修会のポイント制」（2004年）や「登録チームにおけるD級コーチ以上の資格取得の義務化」（2005年）を導入した。これを機に、熊本市の部活動は協会登録を外れ、競技志向の強い子どもたちの受け皿としてUクラブのような新興クラブが設立されていった。その後、クラブチームが全国大会で優秀な成績（Uクラブ：全国3位、Hクラブ：2年連続全国ベスト8）を上げたこともあり、2011年には部活動9チーム、クラブ23チームとその数が逆転した。まさしく、熊本市における少年サッカークラブの発展期に差しかかったといえる。ただし、２００７年にはＲクラブがＢクラブに吸収され、２００９年にはＵクラブが活動停止に陥っており、単線的にクラブの数が増えたということではなく、クラブ間の合併・吸収・消滅という流れの中で、その全体数が増加していったということである。

以上、熊本市における少年サッカークラブの変遷過程について確認してきた。これを、本章の課題である指導者の視点からもう一度整理しておこう。

まず、少年サッカークラブ指導者という「専門的」な職業が、働く場としてのクラブの増加とサッカー協会による指導者資格の確立・義務化により、次第に社会的に認知されるようになったということが指摘される。

次に、熊本特有の部活動との関係に注目する必要がある。有資格者の登録が義務化された２００５年当時、熊本ではクラブチームが増えつつあったものの、まだ数的には部活動が圧倒的に多い状況にあった（２００４年：部活動50チーム、クラブ18チーム）。しかし、部活動の顧問教師にとって、このような資格取得の義務化は過剰な負担となり、結果的に多くの部活動が協会登録から外れ、独自のリーグ戦を開催することとなった。これによって、競技志向の強い子どもたちは、選手育成や競技力向上を売りにした「商業的な」少年サッカークラブへの移動を促されたのである。前述したように、１９７０年代に起きた「部活動の社会体育化」により、スポーツ少年団の設立が大幅に遅れたことも一因となっている。つまり、部活動が制度的なサッカーの場

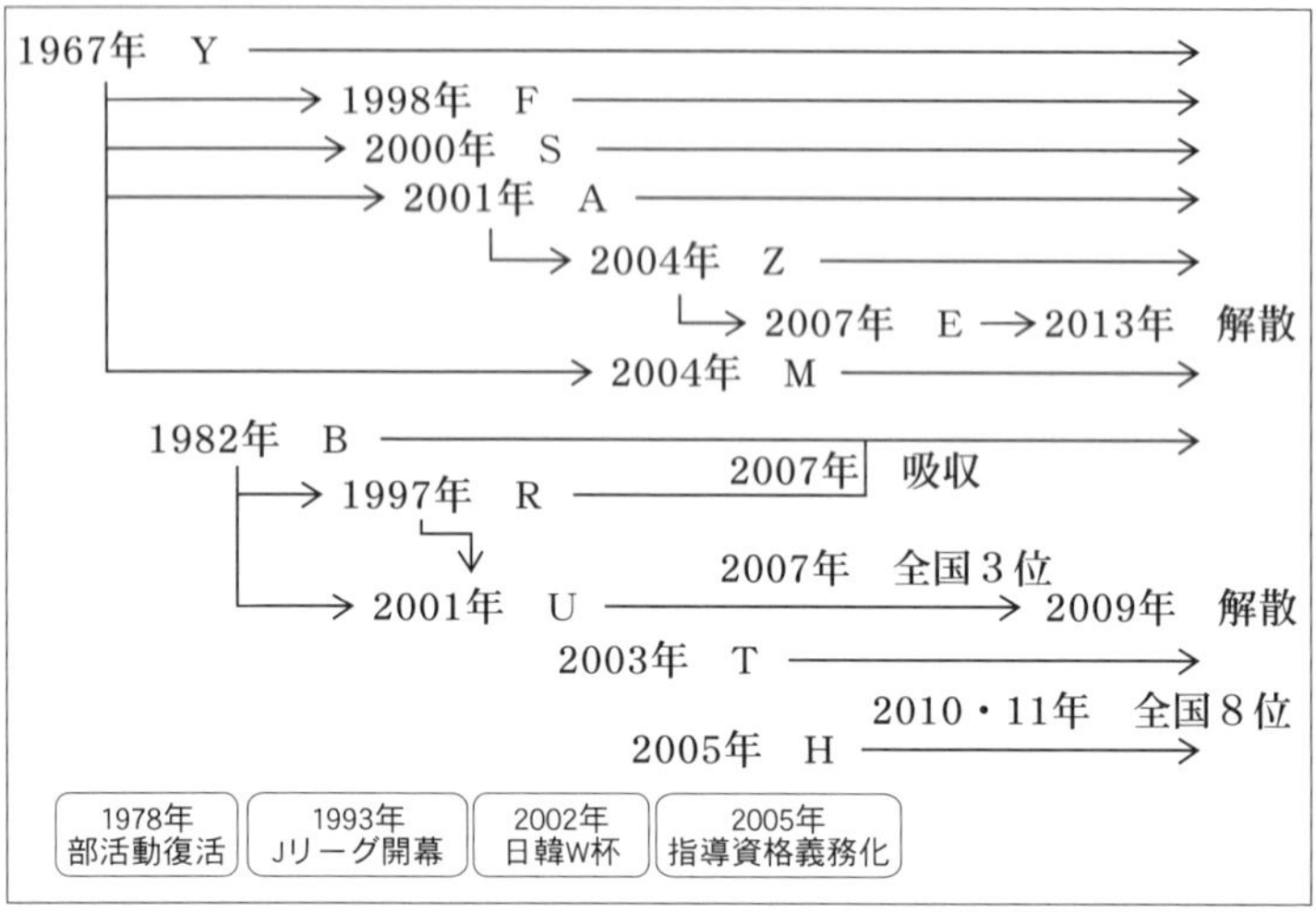

図7-3　熊本市の主要少年サッカークラブの関係性

から撤退していく中で、「商業的な」少年サッカークラブが子どもたちの移動先となると同時に、指導者たちにとっては、「飯を食う」ことのできる場となり得たのである。

最後に、図7－3を見て分かるように、熊本の主要クラブはYクラブあるいはBクラブをルーツとする2つのグループと、近年立ち上げられた新興クラブの3つのグループに分類される。中でも、Y・Bクラブの存在は大きく、表7－1に示したように、主要クラブの多くの指導者が両クラブでの指導経験を有する。つまり、Y・Bクラブは、熊本における少年サッカー指導者の輩出機関となっている同時に、新たに設立されるクラブにとって、クラブ運営の重要なモデルケースとなっていると考えられる。

5　少年サッカー指導者の生活歴

(1)　これまでの道筋

まず、本章で事例とする３人の指導者のこれまでの道筋を振り返り、彼らが競技者あるいは指導者として、どのようにサッカーに関わってきたのかを見ていく。

Ｋは、小学校低学年から兄の影響でサッカーを始め、幼少のころから地域では有名な選手であった。高校３年の時には、キャプテンとしてチームを全国大会でベスト８に導き大会優秀選手に選出された。その後、Ｊリーグからの誘いもあったが、将来のことを考え、地元九州の強豪大学に進学した。大学卒業後は、熊本県でＪリーグを目指していたＢクラブのトップチームに入団した。しかし、当時のチームは、前年度にＪＦＬ[9]の入れ替え戦で敗退したこともあり、強化そのものは停滞していた。入団２年目には親会社の経営がうまくいかなくなり、多くの選手が会社の経営状態や強化方針に見切りをつけて退団していった。Ｋ自身は、親会社が倒産するまでの３年間選手を続けたあと引退した。入団当初から少年サッカースクールのコーチを兼務しており、当時の給料は15万円程度であったという。

Ｂクラブのトップチームが解散した後は、実家近くのＦクラブの指導を半年ほどボランティアとして手伝っていた。その後、指導方針が合わなかったためＦクラブへは就職せず、元Ｂクラブの選手によってUクラブが立ち上げられることを知り、翌年のスタート時から正式にUクラブの指導者となった。このころの生活費はアルバイトで賄っていたという。Uクラブには4年間在籍したが、他のスタッフとの折り合いが悪くなりRクラブ（これも元Bクラブの選手が立ち上げたクラブである）に移動した。Uクラブでの給料は、1年目が10万円で、4年目には15万円程度になった。生活費が足りず、Uクラブの他の指導者と一緒に、居酒屋や大型ゴミの回収のアルバイトをしていた。この間、母校の大学で教員免許を取得したが、実際に教職に就くことは難しいと感じていたという。次のRクラブでは20万円程度の給料をもらっていたが、Aクラブの事業拡大の話に加わることになったため（この中には事例2のMもいた）、1年でAクラブのボランティアスタッフへと移動した。しかし、このAクラブの事業拡大は結果的に失敗に終わり、ひとりでサッカースクールから立ち上げるつもりでいた。その時、Aクラブの保護者であった人物から金銭的な支援の申し出があり、共同でEクラブを立ち上げることになった。

Mは、小学校のスポーツ少年団でサッカーを始めたが、中学校ではサッカー部がなかったため、高校では本格的に取り組みたいと考えS県の強豪校に進学した。2年、3年の時には、全国大会にレギュラーとして連続出場した。関西の体育大学にスポーツ推薦で進学し、2年からレギュラーチームで活動した。大学を卒業する際に、監督の勧めで熊本のYクラブに就職した。Yクラブには23歳から30歳までの7年間在籍した。Yクラブをやめた理由について、

「そもそも自分はサッカーと携われる仕事ということで入ったんだけど、その他の業務（体操教室、事務作業など：筆者）もあったりとしたから。自分はサッカーの指導がしたかった。Yクラブの教育というところは共感できたけども、でもそれだけじゃないと思うんですよ、選手が伸びるのは。いろんな経験をさせてやりたいと思ったんですよ。遠征とか行ったりして。Yクラブという組織のなかだけで指導をやりなさいと言われているような気がして、ちょっと違うなと」

と述べている。Yクラブを辞める2年前に、Aクラブの代表のFが、同じようにYクラブをやめて独立していた。Aクラブが事業を拡大するという話を聞き、Yクラブをやめることを決断した。実際には、前述したように事業拡大は頓挫してしまうのだが、MはFと共にAクラブでの指導に携わることにした。Yクラブの時は、初任給が20万円で、退職時点では23万円ほどになっていた。Aクラブに移った際には15万円程度になったという。

Sは、全国的にサッカーの町で知られる地域で自然とサッカーを始めた。地元の強豪校に進学し、全国大会で3回戦に進出した。同校からは多くのJリーガーが輩出されている。Sの従弟は全国制覇したチームのキャプテンであり、今もJリーグのヘッドコーチを務めている。大学3年生の時にJリーグが開幕し、当時、Jリーグからの誘いもあったがケガの影響もあり実現しなかった。卒業する時に、Jリーグを目指していたBクラブに契約選手として入団した。勝利3万円、引き分け2万円、負け1万円という条件で契約し、月に12、3万ぐらいの収入があった。当時は、寮費1万円で部屋代と食事代がまかなえたので、選手給だけで十分生活できたという。Sと同じような待遇でブラジル人や韓国人の選手もおり、彼らと同じ選手寮で生活していた。

入団2年目から、少年サッカーのスクールが本格化し、選手もほぼ全員携わるようになった。この時から選手契約ではなく、少年サッカークラブ（有限会社）の社員として雇用されることとなった。当時の給料は年齢と同額をもらうというものだったので（当時24歳だったので24万円）、選手専門の時よりも良くなったという。Bクラブの少年サッカークラブは多くの会員を集めていたが、選手（＝指導者）の数も多く、経営的には親会社の支援がなければ運営は不可能であった。4年目にJリーグから10名ほど大型補強をしてJFL参入戦に臨んだが敗退、結果的に選手が大量移籍した。さらに親会社の経営不振が重なりトップチームが解散した。多くの選手が次のプレーの場を見つけていく中で、Sは少年サッカーの指導があったのでしばらくBクラブに残っていた。その後、Bクラブの元選手が数名集まりRクラブを設立することとなったため、選手兼指導者として移動した。36歳で現役を退き、Rクラブの少年サッカーの指導に専念することとなった。Rクラブでの選手としての給料は無く、指導者としての収入が月額で10万円程度であった。不足する生活費は、Rクラブの代表の紹介などでアルバイトしながら補っていた。その後、トップチームの県リーグ降格などもあり、運営そのものが難しくなった。その時、元のBクラブのスタッフからクラブの合併話が持ちかけられ、Rクラブは吸収されることになった。Bクラブの代表Nは、元のBクラブ時代の教え子であるが、その彼の「熊本のサッカーを変えよう」との声に惹かれて合併することにした。

(2) 現在のクラブ・指導

次に、現在指導しているクラブの状況を確認し、彼らが今どのようにしてサッカーと関っているのかを検討する。

Kが指導するEクラブは、オーナーとKの他に、A（44歳）、B（30歳）とKの教え子であるC（23歳、独身）の４人で運営している。彼らのほかにOBをアルバイトで雇っている。Aは妻（介護施設のパート職員）と３人の子ども、Bは妻（教員）と一人の子どもと暮らしている。給料は、K・A・Bの３人は22万円、Cは19万円で毎月現金を手渡しでもらっている。昇給することはない。Eクラブの特徴は自前のグランドを持つことである。ところが、実際にはこのことが会員増加に結びつくことなく、逆に借地料（月額40万円）が経営の重荷になっている。大まかな収支では、会費収入とこの借地料の支払いが毎月ほぼ同じぐらいで、指導者の人件費はオーナーの個人的負担になっている。このような状況で、オーナーは２０１３年３月でクラブ経営から撤退する意向を持っており、スタッフの今後の動向は決まっていない（２０１３年１月時点）。K

自身は、熊本市内の他クラブのグランドを間借りするつもりでいる。Eクラブの子どもたちを引き継ぐことにしているが、収入が減ることは間違いないので、アルバイトをしながら子どもたちの指導を続けたいという意向を持っている。少年サッカークラブの経営の難しさについて「今の親は指導方針や練習環境よりも『勝っているチーム』ということが選択の基準になっている」と語っている。

Mが指導するAクラブには、代表のFとYクラブ時代の教え子Oの3人の専任指導者がいる。ここでもOBをアルバイトで雇っている。Mは、Aクラブ（有限会社）の社員という位置づけで、給料は年俸制の月割りで約20万円となっている。代表であるFが金銭的な負担をしていると思うが、詳しくは知らないという。「Fさんの性格や情熱に惹かれて今の自分がある」というほど信頼している。3人の他に、元JリーガーのTがいたが、「結婚して子どももほしいので今の給料ではやっていけない。サッカーから離れて別の仕事に就きたい」という理由で今年度途中に退社したということであった。そのようなTについて、「クラブからどうにかしてもらおうとする人と、自分たちでどうにかする人の違い。Fはどうにかする典型。じゃないとやっていけないですよ」と語っている。Eクラブのような自前のグランドがないため、隣町の企業のグランド（1回2000円）や中学校などを借用し練習している。Aクラブは県外のクラブチームや学校に多くの子どもたちを送り出すことを特徴としている。Mは、サッカーを通して子どもたちの進路が広がることは良いことだと考えており、誘いがあった時には学校側にも積極的に勧めているという。クラブの経営については、M自身あまり興味はなく、Fに全て任せている。

Sが指導するBクラブには、Sのほか代表のN（32歳）、G（38歳）、D（35歳）、E（30歳）の5人が社員として働く。全員が元Bクラブのトップチームの選手でN以外は独身である。この他OBをアルバイトで雇用している。Sの給料は約20万円で、毎年昇給しボーナスもある。練習会場は、基本的には学校の夜間開放を抽選でとっている。主要クラブの中でも最も会員数が安定しているクラブであるが、熊本の少年サッカークラブの状況を、

「熊本の土地柄で仕方ないかなあと思う。見ていると、たまたまその学年が強かったり、親が作ってくれと言ったりとかで、そのまま勢いで作って、しばらくするとつぶれていくというのがあまりにも多いように感じる。指導者も乗せられてやっているような感じ。それでは子どもたちがかわいそう。いきなり活動の場がなくなるわけですから。実際、少年サッカーのクラブ運営なんて厳しいですよ。クラブの経営には、勝つことも大事だけど、指導者のことをしっかり理解してもらうことが大事。地道にいい指導することが一番大事」

と語っている。

(3) 日々の生活

最後に、彼らの現在の日々の生活の状況について確認していこう。

Kのスケジュールは、毎週月曜日が休みで、仕事の日は10時30分に専用グランドにある事務所に出勤する。事務所に着くと、まずオーナーの仕事の手伝いがあるかを確認し、無ければクラブの事務処理をする。４人の指導者全員が2年前からオーナーの仕事を手伝っているが、彼らは今ではサッカーの指導とオーナーの仕事の手伝いで合わせて給料が出ていると認識している。休みの日は、妻も合わせて休みを取るようにして家族といることが多い。子どもは保育園に預けているが、できない場合は妻の実家に預けている。妻の実家、妻の仕事先、保育園はすぐ近所にあり、K家族の自宅はそこから車で15分程度のところにある。K自身の実家は経済的に困窮していることもあり、これまで援助を受けたことはない。妻の実家からは直接的な援助はないが、子どもの小遣いや食材を頻繁にもらっている。20歳代までは、昔の仲間との飲み会やサッカーなどの付き合いもあったが、今はほとんど友人との付き合いはない。Eクラブの指導者とも休みの日に会うことはない。それぞれ家庭もあり、プライベートで付き合うことは全くないという。また、これまで熊本市で5つのクラブを渡り歩いてきたが、他のクラブの指導者ともプライベートでの付き合いはないという。しかし、フェイスブックをしており、そこでの「友だち」はサッカー関係者ばかりだという。頻繁に何かやり取りしているわけではないが、なんとなく他の指導者の動向を確認しているということであった。Kはなぜこのような生活を続けているのかという質問に、「なんで、でしょうね。何だろう。とにかく何かしらサッカーには携わっていたい」と答えていた。

Mは、中学生の指導を週5日間行っており、残りの2日は、小学校低学年のスクールに出たり、幼稚園の出張練習に行ったりと、ほぼ毎日グランドに出ている。普段は、朝8時ぐらいに起き、中学生の2人の子どもたちを見送った後、午前中に幼稚園の出張指導、3時半ぐらいにクラブ生の送迎に出る。中学生の練習は、中学校の夜間開放を利用しているため19時半から21時半までとなっている。基本的に定期的な休みはないが、休みをほしいとは思わないということであった。たまに彼女との休みの時間があえば、一緒にドライブや買い物に行くことはある。経済的には、看護師として働く彼女と家計をともにしているので、割と生活は安定していると感じている。彼女の実家は同居については知っているが、ほとんど連絡は取らないという。Kと同様、Aクラブのスタッフで休みに会うこともない。熊本に来て10年以上たつがサッカー関係者以外の知り合いはおらず、他のクラブの指導者との交流はほとんどない。またK同様、フェイスブックの「友だち」はサッカー関係者ばかりで、頻繁にやり取りすることはなく最近何をしているかを見るぐらいだという。

BクラブのSは、月曜日の休み以外は、毎日、午後1時にクラブ事務所に出勤する。1日のスケジュールは、クラブ事務所で事務処理、送迎、指導というパターンである。自宅はクラブ事務所から15分のところにあるが、帰宅するのは毎日10時前後である。休みの日はだいたい寝ていることが多く、趣味も特にないという。高校・大学時代のサッカーを通した人脈があり、彼らとは今もフェイスブックなどを通じて連絡を取り合っているという。その多くはJリーグのチームで働く者や地方のまちクラブの指導者である。今後のことについて、「今のままじゃ厳しいとは思うけど。結婚もしていないし、このまま50歳過ぎたらどうなるんだろうと考えるんですけど。それで何か具体的なことをするかというとそれはない」と言い、「自分も同僚のGも結婚はしないと思う。とりあえずサッカーの指導をしながら暮らしたい」と語っている。

6　指導者の生活から捉える少年サッカークラブ

本章で取り上げた3人の指導者は、いずれもプロとして競技を続けることはできなかったが、全国規模の大会に出場しある程度の実績を残すなど、サッカー競技者の中でも比較的高い競技レベルを経験してきたといえる。そこから指導者の道へと進むわけであるが、その時、彼らは指導者になりたいという強い意志を持っていたわけではなかった。KとSはBクラブのトップチームの解散という流れの中での移動であり、Mは大学の監督からの勧めで指導者の道を選択している。そのような彼らが、大学卒業後、収入の減少やクラブの消滅などのいくつかの転機となり得る事柄があったにも関わらず、指導者としての道を歩み続けているのである。それは、Ｋの「とにかく何かしらサッカーには携わっていたい」という言葉から分かるように、彼らは指導者になることで、幼少時代から慣れ親しんだサッカー漬けの生活を延長させてきたということである。[10] そこには、少年サッカークラブの変遷過程で見てきたように、「商業的な」クラブの増加という構造的な背景も存在している。これらのクラブの多くは、子どもたちの月会費を、月謝袋を介して徴収し、それらは毎月指導者の手元に振り分けられる。子どもたちが目の前にいる限り、その日その月を食べていけるだけのお金が存在するのである。つまり、大好きなサッカーと関わりながら、「取り敢えず食べていける」生活が彼らの目の前には存在してきたのである。

確かに、指導者たちは、安い賃金で休みも少なく、決して良い労働状況のなかに置かれているとは言えない。また、未来についても明るいようには見えない。少年サッカークラブにおいて、幼少時代と同じようにサッカー漬けの生活を送ることによって、彼らは徐々にサッカー指導者以外の選択肢が狭められ、一般的な職能への関心が削ぎ落とされているとも捉えられる。しかし、そのように見えるのは、サッカー指導を生活のための職業としてのみ捉えるからである。おそらく、ＡクラブのＴもそのように捉えていたからこそ、早い段階で見切りをつけていったのであろう。そうではなく、ここで取り上げた指導者たちにとっては、サッカーを指導すること、サッカーに関わり続けること自体が彼らの生活なのである。だからこそ、例えば、ＫのＢクラブ

（15万円）からFクラブ（ボランティア）、Rクラブ（20万円）からAクラブ（ボランティア）への移動、MのYクラブ（23万円）からAクラブ（15万円）への移動、SのBクラブ（24万円）からRクラブ（10万円）への移動のように、時には、自ら経済的なリスクを背負い込むような移動を繰り返すのである。一時的な家計的危機はアルバイトで乗り切り、日常的には妻の実家の活用（Kの場合）や彼女との同居（Mの場合）、あるいは結婚の回避（Sの場合）など個別的な「生活実践」（石岡、2012）によって、サッカーそのものを暮らしにしていこうとしているのである。彼らにとって、少年サッカークラブはまさしく生を実感できる場なのである。

また、少年サッカークラブでは、指導者たちが安定した生活を送るための人間関係が紡ぎ出されている。子どもたちとの間にある強い関係性と指導者間の緩やかな関係性である。このような関係性があるからこそ、彼らは安定した日々の生活を送ることができるのであろう。学年持ち上がりの担当を基本とするクラブでは、指導者と子どもたちの関係性は毎年引き継がれ、強化されていく。彼らにとって、そのような関係性を断ち切ってまで、指導の場から離れることは容易ではない。そして、その関係性の延長線上にあるのが、指導のアルバイトとして働く多くのOBたちである。熊本市内の主要クラブではほとんどがOBを指導アルバイトとして雇っている。それは、安価なアルバイト代という経営的な利点があるというだけではない。「指導者―教え子指導者」という強く安定した関係性が、彼らの生活の中心にあるサッカーの指導現場を支えているのである。さらにこのことは、少年サッカークラブによる指導者の再生産の仕組みとしても捉えられる。変遷過程において示したクラブの分裂・独立は、このような指導者の再生産の仕組みによって促されてきたといえる。[11] また、指導者間では、基本的には競合関係にありながらも、フェイスブックを利用しながら日常的にお互いの状況を確認し合うような緩やかな関係性が生み出されている。友人関係や地域関係が非常に乏しい彼らの生活を安定化させる貴重な関係性であり、また、サッカーを中心に生活している者同士が互いに生を共感できるような関係性であるといえる。

本章では、指導者たちの生活歴を視点に、地域のスポーツ組織である少年サッカークラブの分析を試みてきた。彼らの生活歴を振り返ると、スポーツ指導者の社会的・経済的基盤の整備や競技者のセカンドキャリアなどの課題へと切り込んでいくことも可能であろう。しかし、本書の課題は、生活とスポーツの関係からその社会的意味を読み解くことにある。そのような視点で本事例を見た場合、少年サッカークラブは、サッカーを中心に生きてきた者たちが、彼らなりに安定した生活を送るために必要な関係性を紡ぎ出し、サッカーそのものを暮らしにしていく場となっていると理解することができた。言い換えれば、少年サッカークラブは、サッカーを基底に据えた生そのものを実感できる場という意味を担っているのである。サッカー指導者たちは、そのような生活を送る過程において、サッカーの持つ象徴的な「力」[12)]に抗する術を身に付けていくのであった。

注

1）高橋（2010）によると、毎年１００名を超える選手がＪリーグから登録抹消され、その7割が20歳代（平均引退年齢：25.6歳）であるという。

2）ここでいう2つのピラミッド構造とは、キッズや4種から1種へと連なる年齢階梯別の構造とＪ１を頂点とする競技力別の構造のことである。

3）近年、サッカー競技者の歩む道筋について、本章で取り上げる少年サッカーの指導者の他にも注目すべき動向として、東南アジア諸国のプロサッカー選手として道を歩む若者たちの存在もあり多様化している。

4）ここでいう少年サッカークラブとは、学校部活動を除く、スポーツ少年団や商業的なサッカークラブ全般のことを指す。本章で対象とした熊本市の主なクラブの概要（表７－１）からも分かるように、少年サッカークラブには有給の専任指導者、ボランティア、教師、アルバイトなど様々な指導者が携わっている。

5）ここでは、２０１１年度までに熊本市で活動するあるいは活動してきたクラブの中で、専任の有給職員を指導者として雇用し、比較的競技実績が高く、会員数の多い11のクラブを主要クラブとして取り上げることとした。

6）２０１３年1月15日～24日付の熊本日日新聞朝刊では、「熊本少年サッカー事情　〝まちクラブを行く〟」と題して7回にわたる特集が組まれている。そこでは、「小学生の移籍問題」「飽和状態のクラブチーム」「進路斡旋」「苦しいクラブ経営」などの問題が指摘されており、熊本市において少年サッカークラブに対する社会的関心が高いことがうかがえる。

7）熊本県における部活動の社会体育化に関する一連の動向は、２０１３年1月13日～22日の熊本日日新聞朝刊『新熊本の体力―東京五輪以降の軌跡―』においても報道されている。

8）公益財団法人日本体育協会によると、平成24年度の熊本県のスポーツ少年団の団体数は、47都道府県中45番目の２０３団体、その中にサッカーが占める割合は3.4％（7団体）と全国で最も低い。

9）日本サッカーリーグのこと。ＪリーグにＪ昇格するためにはＪＦＬで上位に入らなければならない。当時、Ｂクラブは九州リーグからＪＦＬへの昇格を目指していた。

10）当然、Ａクラブの元ＪリーガーのＴのように、指導者とは異なる生活を歩むことも可能であった。

11）このことは、Ｓが、教え子のＮが代表を務めるＢクラブへと移動してきたことからも伺うことができる。

12）本章で示したような、サッカー指導者たちの職能を削ぎ落としていくような作用もその一つであろう。

小学生 強さ求め転々

移籍 〝プロまがい〟疑問の声

夕暮れのグラウンドでサッカーの練習をするクラブチームの子どもたち
＝熊本市

まちクラブを行く 1

※熊本少年サッカー事情

熊本の少年サッカー事情
（熊本日日新聞、2013 年 1 月 15 日付）

少年サッカー指導者と子どもたち

終　章

1　地域の生活とスポーツの可能性

近くの公園で見かけるウォーキングから、莫大な移籍金や放映権料が飛び交うプロスポーツまでさまざまなスポーツの形が存在する。すでに、P・ブルデューが指摘したことではあるが[1)]、このようなスポーツを一括りにして、私たちの生活との関係を議論することはほとんど意味をなさない。本書では、スポーツを実践する人たちの置かれた社会状況とそこで繰り広げられる生活に即して、それぞれのスポーツの社会的意味を探求してきた。

第1章では、都市部と農山村の生活構造とスポーツ実践様式の比較を行った。都市部と同様に私化・流動化が進む農山村のスポーツは、量的側面では都市部との差異は認められなかったものの、その実践様式には集団性、地域性という彼らの生活構造が反映されており、その背景には土着性の強さがあることが分かった。

第2章では、ライフコース研究を手掛かりに、地域住民の生活構造とスポーツ実践の関係を動的に把握した。戦後の体育・スポーツの動向及び国民生活の概要を俯瞰した上で、コーホート分析を行い、スポーツの実施率、実施相手、実施目的には、様々な年齢効果、時代効果、コーホート効果が存在することを明らかにした。さらに、事例分析を通して、スポーツをする人の置かれた地域生活のあり様が影響していること、また、個人の生活に対する志向性の違いが、スポーツへの行為力として表れることを明らかにした。

第3章では、障害者の生活とスポーツの関係について検討した。障害者のスポーツは、階層性や移動性などの彼らの生活に強く規定されており、同時に彼らの生活にはやはり障害の規定力が作用していることが分かった。ところが、そのような障害の規定力は、障害者に一様に働くのではなく、彼らの地域での生活の在り様によって異なるのである。そして、時には障害があること自体が、彼らの地域での生活の関係性を紡ぎだしていく際の「資源」にもなり、スポーツとの出会いを手助けする可能性があることが示された。

第4章では、拡散しつづけるスポーツは、農村や団地、混住化地域に同様に浸透し、スポーツの汎用的な機能が、一見地域社会内の関係性構築に有効な手段として捉えられた。しかし、農村の子ども相撲と混住化地域の子ども相撲の違いにみられるように、その置かれた地域社会の関係のあり方によって、異なる社会的意味を帯びることが分かった。スポーツは、地域の枠組みを超え、人びとを「顔見知り」にし「交流」することを可能にする。その一方で、地域的に明確な範域を有し、そこに住む人びとの相互認識が可能な状態で展開されるスポーツは、その地域特有の限定的な関係性を継承する可能性が示唆されたのである。

第5章では第1章と同じ農山村である小国町を取り上げた。ここでは、生活組織の変容過程に着目し、地域の人びとによって維持されてきた伝統的体育行事の意味について検討した。大字や部という生活の枠組みを巧みに利用しながら開催されてきたこれらの行事は、生活組織の再編過程において、それぞれ地域独自の役割を担い、日常的な生活空間に引き継がれてきた関係性を継承してきたのである。このことを、第1章の結果と照らし合わせるならば、個人化した市民的な暮らしの再編に「同調するスポーツ」と、地域に引き継がれてきた安定した暮らしを「継承するスポーツ」のせめぎ合いの状況として捉えられるのであった。

続く第6章でも、農山村を対象に地域組織活動の社会的意味について検討した。特に、村で初めて設立されたサッカーチーム「レリオン中津江」を事例として取り上げた。「レリオン中津江」は、村全体の経済が低迷し、村民の地域活動が衰退しつつある中で活動休止に至っていた。しかし、青年層の関係のあり方を引き継ぐという点において、その社会的意味は貶価されるものではなかった。そのような関係性の継承は、縮小型社会における地域組織活動の重層化と中津江村特有のタノモシ的関係性が土台となっていたのである。働く場を失い、若者が次々と村外へと流出していく中津江村の青年たちにとっては、スポーツによって新たな関係性を構築していくこともよりも、これまでの彼らの関係性をいかに引き継いでいくことができるかということが重要だったのである。

最後に、第7章では、サッカー指導者の生活歴から、地域における少年サッカークラブの社会的意味ついて検討した。まず、熊本市における少年サッカークラブの変遷過程から、「商業的な」クラブの増加という構造的な背景を明らかにした。そのような社会的状況によって、指導者たちは幼少時代から慣れ親しんだサッカー漬けの生活を延長させることが可能になったのである。指導者たちの生活歴を見る限り、安い賃金で休みも少なく、決して良い生活状況のなかに置かれているとは言えない。また、未来についても明るいようには見えない。しかし、少年サッカークラブは、サッカーを中心に生きてきた者たちにとって、彼らが安定した生活を送るために必要な関係性を紡ぎ出し、サッカーそのものを暮らしにしていく場となり得ていたのである。指導者がサッカーを基底に据えた生そのものを実感するという意味を担ってきたのである。

さて、「地域づくりとスポーツ」（1993）を執筆した松村和則は、「スポーツの研究者の方々には、スポーツ振興という価値、理念から一歩離れて、『近代スポーツ』を見直し、スポーツが持つ実在を認識してほしい」（同書：1）とその出版のきっかけを述べている。さらに、スポーツの実存を認識する際の視点として「生活者の論理」に注目することの重要性を示し、「企業や研究者だけが『論理』を持っているのではなく、地域で暮らしを全うしようとする人びともまた合理的な考え方を持っている」（同書：16）と主張した。そして、『『地域性』『共同性』の内実とスポーツ活動との関連を追い、かつ、その『実証』的研究」（同書：177）が必要であるとした。この本が執筆される以前には、彼自身が整理したように、上羅（1977, 1978）、松村（1978）、松村・前田（1989）、三好・長屋・鈴木（1985, 1987）などの取り組みがみられた。しかし、その後、地域スポーツ研究自体がマネジメントや政策的議論に大きくシフトしていく流れの中では、松村が提起した課題は、研究者間では十分に意識されつつも、それほど多くの実証的な研究成果を積み上げて来なかった。その理由はいくつかあるだろうが、一つは社会体育→コミュニティ・スポーツ→生涯スポーツという流れの中で、人びとのスポーツが自立した個人の活動として奨励され、一方では、健康との関係を強めていったことにより、次第に地域社会というレベルでの議論が困難になったことが挙げられる。[2)]もう一つは、松村らに共有される研究者の立ち位置に関わるものである。彼らがいう「人びとの暮らしに近いところにわれわれ自らを係留する」（松村、2006：14）「抽象度を上げない努力」（松村、1997：254）は、「学者」たちに大きな困惑と困難性をもたらしたのではないだろうか。

そのような中にあって、松村が提起した研究姿勢を共有した研究者たちによるいくつかの研究成果を見逃すことはできないであろう。スポーツの実存と正面から向き合ってきた仕事の数々である。例えば「山村の開発と環境保全」（松村和則編、1997）では、東北地方をフィールドに、スキー場開発などの大資本による開発論理と「生活の論理」のせめぎ合い中で、村の人びとの生活の中にスポーツが埋め込まれている様相などが描かれている。

甲斐（2000）は、学歴主義が浸透した社会における学校格差や地域格差とスポーツをする人びとの戦略との関係に注目し、スポーツと進路形成に関する戦略がそれぞれの格差によって異なることを示した。そこでは、「〝今この生を充実〟させようとする高校生のあたりまえの生活実感に寄り沿う」という姿勢の下、社会的上昇を絶対的価値とせず、スポーツによって生活を充実させようとする様相が記述されている。

さらに、スポーツ研究における「生活論的アプローチ」という立場がより明確に打ち出されたのが「メガ・スポーツイベントの社会学」（松村和則編、2006）であろう。そこでは「生活者の立場に立とうと努力する『立ち位置』は、主観主義―客観主義、実践論―構造論、本質主義―構築主義などの2項対立を乗り越える可能性を持つもの」（同書：11）と記されている。彼らは、メガ・スポーツイベントを「開発主義」に貫かれた地域開発として捉え返し、その個別・具体的な地域への影響を明らかにし、近代スポーツの象徴的な「力」とともにそこに関わる人びとの生活の論理に迫っている。

また、伊藤・松村（2009b）は、再び「スポーツはコミュニティを形成するのか」という都市社会学からの批判が我々に投げかけられているとし、神戸市の垂水団地を事例に、生活体としての「世帯」をスポーツ組織の分析に加え、具体的な「地域」像とスポーツとの関わりを捉えることを目指した。その結果、スポーツを契機として発足した生活拡充集団が、世帯単位で構成される団地自治活動の一環である公園管理を引き受ける過程で、「自治的コミュニティ」へと変容していくプロセスに迫ることに成功した（前田，2010）。

フィリピンのボクサーの貧困世界の生活に注目した石岡（2012）の研究もその流れの一つに位置づくものであろう。彼は、マニラのボクシングジムにおける長期にわたるフィールドワークを通して、ボクシングジムがボクサーの親戚、友人を雇い入れることによってメンバーが無事に日々を暮らしていくための拠点となっていることを明らかにした。その特徴は、貧困世界を改善すべき対象とは視ず、ありのままの貧困世界と人びとの生活実践を緻密に記述している点にある。

本書は、このような松村らの研究グループが共有する認識的立場を十分に意識し、生活構造分析からモノグラフ的な生活論的アプローチによるスポーツ分析へと展開してきた。両者の違いは、スポーツ行動の主体である生活者の捉え方の違いにある。第1章から第4章にかけて展開されてきた生活構造分析では、生活者の置かれた地域社会の構造的変容過程を視野に入れつつも、そこで描かれる生活者のスポーツ行動は、どうしても一般化された主体（個人）の行動に留まらざるを得ない。そのことは、結果的には地域社会との関係を薄めていくこととなる。生活とスポーツの関係について、地域社会を舞台に描こうとする本書の目論みを達成させるうえでは、生活論的アプローチへの接近は必然的なことであった。その一方、モビリティの発達やそれに伴う生活圏の拡大、流動化という現実は、われわれ地域スポーツの研究者に、再度「地域」あるいは「地域社会」とは何かという基本的な問いを投げかけている。本書で示したように、スポーツは容易に地域を超え、共時的に人びとを結びつけていく。そのような状況において、生活構造分析と生活論的アプローチを架橋する形で描いてきたスポーツの個別具体的な意味は、現代社会におけるスポーツの可能性の一端を示すものであると考える。

現代社会において健康との関係を強めていくスポーツは、自立した個人生活を特徴とする都市的な生活と親和的であり、都市化の進展とともにスポーツはどのような地域へも拡散していく。その時、当該の地域に特別な紐帯が無い場合、人びとはスポーツによって共時的に結び付けられる。この社会的統合を引き起こすスポーツの可能性が、大いに注目されてきたのである。しかし、そのようなスポーツの「力」が、日常的な地域の人びとの暮らしにまで作用することは少ない。言い換えれば、スポーツのみで切り結ばれた関係性が、地域の生活の中で引き継がれてきた関係性と接合していくことは非常に困難なのである。本書では、そのようなスポーツの「力」の限界と同時に、人びとの生活に規定されながらも、彼らの暮らしに彩りを与えるスポーツの魅力を示すことができたのではなかろうか。

2　これからの地域スポーツ研究と本書の課題

最後に、本書のまとめにかえて、これからの地域スポーツ研究のあり方と本書の課題について述べておきたい。冒頭でも述べたように、バブル崩壊後の日本社会は「有限性」や「縮小型社会」という言葉で表現される時代にある。そして、東日本大震災および原発問題は、現代社会における開発のあり方、あるいは私たちの生き方そのものが問われる一つの契機となった。私たちが背負ってきたリスクとどう向かい合うかということについては、すでにリスク社会論の第一人者ウルリッヒ・ベック（1986）によって展開されてきた問題でもある。今更ではあるが、科学技術の発展とともに拡張・拡散する社会の限界性と、私たちの生活が背負わされるリスクについて真剣に議論すべきであったということであろう。このような社会に対して、これからの地域スポーツ研究にはどのような視点が求められるのであろうか。

このことについて、農学・農政を中心に推し進められてきた農業振興策に対して、生活者の視点から多くの問題提起を行ってきた徳野による「生活農業論」に学んでみたい。農業・農村研究の分野では、その振興という点において、早くからグローバル化する市場に対抗する考え方が模索されてきた。その中で彼は、現場主義を貫き、近代化・産業化社会の理論に対抗すべき理論として「生活農業論」（徳野、2011）を提出したのである。そこでは、経済・企業原理に対抗する生命・生活原理の重要性が説かれ、縮小型社会を見据えた農業・農村の維持・存続（振興）のあり方に大きな示唆を与えている。徳野は、従来の農学者の研究対象が、生産領域（農林地、作物、技術）と経済領域（価格、所得、市場、流通）に集中している一方で、農業する主体である人間、農産物を食べる主体である人間に関する研究が非常に脆弱であったとしている。彼は、このようなモノとカネに重点を置いた従来の農業論を「生産力農業論」と名付け、ヒトとクラシに重点を置いた農業論を「生活農業論」として整理したのである。

彼によると、「生活農業論」的視点とは「農業が変わったのではなく、人間が変わったのである」という視点にある。したがって、「食糧が足りなくて、農業者（ヒト）が農村に溢れていた『生産力農業論』の時代とは異なり、食糧が輸入農産物によって溢れ、逆に農業者（ヒト）が農村から消え始めている時代とでは、基本的分析枠組みが決定的に異なる」（同書：i–ii）として、徹底的にヒトとクラシの視点から農業・農村の変化を追求しなければならないとする。このような見方は、人びとの生活が私化・流動化し、メディア・スポーツやゲーム・スポーツなど消費されるスポーツが溢れている現代社会において、地域住民とスポーツの関係を議論する際に重要な視点を与えてくれるであろう。

さらに、彼が提唱する「生活農業論」の重要な視点として「生命・生活原理」の最優先がある。現在、日本の食と農の問題は非常に複雑で矛盾した問題を持ち、「農産物・食糧・商品・食品の分化・分断化現象」として捉えられるという。そして、それらは部分的には連続性をもつものの、相互に矛盾・対立する要素も多分にもっているとする。彼は、この矛盾・対立を生命・生活原理と経済原理の対立として捉え直し、「生命・生活原理が第一原則であり、経済原理は生命・生活原理を前提として展開されるべきである」（同書：10）と述べている。スポーツ界は、その拡張・拡散のために産業界と結び付きを強め、ますますビジネス化、メディア化、バーチャル化しつつある。まさしく経済・企業原理優先の様相を呈している。しかし、社会は「有限性」や「縮小化」と表現されるような時代になりつつある。そのような社会で展開・実践されるスポーツのあり様も変化しなければならないであろうし、それはやはり「生命・生活原理」に基づくものでなければならないであろう。

生活農業論では、相互連関的、循環的に分析することも大きな特徴となっている。徳野によると、従来の生産力農業論パラダイムは、〈モノ〉と〈カネ〉がよくなれば、必然的に〈ヒト〉と〈クラシ〉の問題は解決するという素朴な農業社会の論理あるいは社会経済理論であったとされる。このような理論は、農業に大きく依存した１９６０年以前の経済社会構造ではかなりの有効性をもっていたが、現在の高度産業社会下では、次第に有効性を失っているとし、〈モノ〉〈カネ〉〈ヒト〉〈クラシ〉を相互連関的・総合的に分析する生活農業論こそが、現代社会固有の農業・農村問題にアプローチし得るものと位置付けている。

生産力農業論と同じく、従来のスポーツ振興政策では、スポーツ環境が整えば、つまり施設、指導者、組織を量的に拡大すれば、地域住民は幸せになるという素朴な機能論的考えがあった。つまり、〈モノ〉と〈カネ〉がよくなれば、必然的に〈ヒト〉と〈クラシ〉の問題は解決するということである。同時に、スポーツ研究では、古くからスポーツにおける社会化や主体性形成などについて議論され、〈ヒト〉の領域に関する多くの知見が蓄積されてきた。スポーツ実践に関する研究では〈ヒト〉〈モノ〉〈カネ〉については、個別的ではあるが多くの研究者が分析の対象としてきたと言えるであろう。このように見てくると、比較的関心が薄かったのが〈クラシ〉の領域であるのは確かである。スポーツ実践が日常生活行動の一部であるならば、生活との関連でその実践的意味が押さえられなければならなかったであろうし、また、徳野が指摘するように〈ヒト〉〈モノ〉〈カネ〉の領域を個別に議論するのではなく、〈クラシ〉の領域を含め相互連関的・総合的に検討する必要があったと思われる。

近年のスポーツ公共圏に関する議論を見ても、従来のコミュニティ・スポーツ論同様に、やはりスポーツにおける自立した個人の主体性形成がその要となる。さらに、スポーツあるいはスポーツ組織活動を分析の中心に据え、それとの関係から地域社会におけるスポーツ空間のあるべき姿が論じられている。しかし、それは地域社会という枠組みの中では偏ったあるいは閉ざされた空間といえるのではなかろうか。地域社会全体を俯瞰し、そこに関わる〈ヒト〉〈モノ〉〈カネ〉〈クラシ〉の領域を相互連関的・総合的に捉え、個々のスポーツ活動を埋め込みながら、それを動的視点から分析する必要がある。

本書は、このような地域スポーツ研究のあり方を志向しているものの、まだその入り口に留まるものである。これまでの地域スポーツ研究を振り返り、特に〈クラシ〉の分析に重点を置きつつ、地域で繰り広げられるスポーツの社会的意味について検討してきたが、地域分析という点においては物足りなさがあることは否めない。当該地域の経済的状態や物的空間、社会構造等々の分析に綿密さを欠いていたと思われる。「現場でものを考える」（松村、2006）という研究姿勢を大切にしながら、継続したフィールドワークをもとにして、モノグラフ研究としての精度を高める必要がある。また、本論中にも触れたことであるが、人びとの生活とスポーツ実践が個人化・流動化していく状況の中で、地域をどのように捉えるかという根本的な問題も残されている。政策的な議論では、理念的に創りあげられた「地域」が度々登場するが、そのようなあるべき「地域」ではなく、実体としての「地域」をどのように捉えていくことが可能なのか。今後の大きな課題である。

注

1）P・ブルデューは「ディスタンクシオン」（1979）の中で、「同じスポーツ（あるいは他のどんな習慣行動でもよいが）をやっている人びとがみな自分の実践している慣習行動に対して同じ意味を与えていると考えるのは単純すぎようし、さらに彼らが本来の意味で同じ慣習行動を実践しているのだとみなすことさえ、単純すぎることになろう」と述べている。さらに彼は、テニスやスキーを例に、その行い方の違い、例えばゲレンデスキーと山スキー、プライベートなクラブのメンバーとして行うテニスと市営クラブなどのテニスによって、それらの持つ社会的意味はまったく異なるものとしている。

2）もちろん、コミュニティ・スポーツ論や総合型地域スポーツクラブに関する議論の中では「地域社会」が取り上げられる。しかし、そこで議論される「地域社会」は理念的あるいは象徴的な概念として用いられており、決して実体のあるものではないと考える。

あとがき

本書の執筆中の２０１３年９月８日に２０２０年の東京オリンピック開催が決定した。一部報道では、最終プレゼンにおける安倍首相のスピーチが勝因であったとされ、「(汚染水の)影響は、福島第一原発の港湾内の0.3平方キロメール範囲内の中で完全にブロックされている」という発言が、東京開催のマイナスポイントをリカバリーしたと言われている。また、最終プレゼンに先立つ９月４日の記者会見では、東京招致委員会の竹田恒和理事長が、「東京は福島から２５０キロ離れている。まったく問題ない」とコメントしている。このような発言が受け入れられていくこともまたスポーツの「力」なのであろう。

スポーツやオリンピックが純粋無垢で、政治や経済、国家権力とは無関係であるべきだとはいわない。それよりも私たちは、だれがどのようなやり方でスポーツの「力」を高め、利用し、それにより何を得ようとしているのかを知るべきであると思う。一方で、スポーツの「力」に翻弄されつつも、自らの暮らしの論理に照らし合わせながら、スポーツと付き合う地域住民のしたたかな暮らしについても知るべきであろう。

さて、本書は、松村和則先生（筑波大学教授）と徳野貞雄先生（熊本大学教授）というお二人の先生方との出会いが無ければ完成に至らなかったと言っても過言ではない。松村先生のご著書である「地域づくりとスポーツの社会学」には大きな示唆を与えて頂いただけでなく、研究者としての筆者の道標ともなっている。その松村先生と近しい徳野先生に、偶然にも博士論文のご指導をお願いすることができたことは望外な喜びであった。社会学の専門的知識の薄い筆者にとって、徳野ゼミ（地域社会学）で過ごす毎週火曜日の午後はとても刺激的な時間であった。お二人の先生方に改めて心よりお礼を述べると同時に、これからもご指導をお願いしたい。

本書は、筆者にとって一つの区切りであり、新たな研究活動のスタートでもある。これまで共に勉強し、刺激を与えて頂き、そしてこれからも引き続き学ばせて頂きたい2つの研究グループの方々にお礼を述べたい。まずは、松本さん、トルガさん、木村さんをはじめとする徳野ゼミの方々には大変お世話になった。これからも全員で〝徳野社会学〟を受け継いでいきたい。前田和司先生（北海道教育大学）、甲斐健人先生（東北大学）、大沼義彦先生（日本女子大学）、橋本政晴先生（信州大学）、伊藤恵造先生（秋田大学）、石岡丈昇先生（北海道大学）、村田周祐先生（東北福祉大学）、そして故鈴木文明先生にも大変お世話になった。松村先生の「生活をまるごと捉える」という研究姿勢の下に参集した研究グループである。２０１０年に大沼先生にお声を掛けて頂き、そのまま研究会に加わらせて頂いている。甲斐先生とは研究会や調査のたびに酒を酌み交わしながら多くの議論をさせて頂いた。本当に感謝している。これからも着実な仕事を皆ともに成していければと切に願う。

調査にあたっては、熊本県小国町、大津町、A町、大分県中津江村をはじめとする事例地の方々に大変お世話になった。ご協力頂いた方々に、この場を借りて深く感謝申し上げたい。特に、インタビュー調査では、暮らしのデリケートな部分までお聞きすることがあったにも関わらず、一つ一つ丁寧にお答えいただき感謝している。地域の方々のそのようなご協力が無ければ成し得なかった仕事であると実感している。

また、前職場で公私両面にわたってお世話になった柳川益美先生（群馬大学名誉教授）、大友智先生（立命館大学教授）に感謝すると同時に今後もご指導をお願いしたい。

そして何よりも、研究者の道へと導いてくれた川崎順一郎先生（熊本大学名誉教授）と中川保敬先生（熊本大学教授）にこのささやかな仕事を捧げたいと思う。

今回、まったく実績のない筆者の出版の申し出にチャンスを与えてくださった道和書院の鬼海高一社長ならびに小泉弓子氏には深く感謝している。今後の仕事を見守っていただければ幸いである。

最後に、私事にわたり申し訳ないが、筆者のわがままな研究生活を支えてくれる家族に心からお礼を述べるとともに、息子俊太郎をはじめ皆の健康を願う。

２０１４年　春
研究室にて。

後藤貴浩

付　記

本書は、以下に示す通り、既存の研究報告を大幅に加筆・修正したものである。また、それぞれの調査は、各補助金等を受けて実施された。

なお、本書の出版にあたり、平成26年度「熊本大学学術出版助成」の交付を受けた。

第１章

＊２００５年度九州体育・スポーツ学会助成研究「農山村生活者の生活構造と総合型地域スポーツクラブのあり方に関する研究」（研究代表者）

＊「農山村の生活構造と総合型地域スポーツクラブ：生活のあり様とスポーツ実践の関係性に着目して」２００８年、体育学研究53巻２号

第２章

＊「スポーツライフの差異に関する研究―ライフヒストリー分析を通して―」２０１０年、研究論文集―教育系・文系の九州地区国立大学間連携論文集―４巻１号

第3章

＊２００５年度～２００７年度文部科学省科学研究費補助金基盤研究（Ｃ）「地域で生活する障害者のスポーツ活動の場としての総合型地域スポーツクラブのあり方」（研究代表者）課題番号20500550

＊「生活者としての障害者とスポーツ」２０１０年、スポーツ社会学研究18巻２号

第4章

＊２００８年度～２０１０年度文部科学省科学研究費補助金　基盤研究（Ｃ）「混住化地域における総合型地域スポーツクラブの存立構造と機能」（研究代表者）課題番号：17500434

＊「地域社会分析から捉えるスポーツ活動」２０１０年、熊本大学教育学部紀要人文科学59号

＊「地域社会分析から捉えるスポーツ活動⑵」２０１２年、熊本大学教育学部紀要人文科学61号

第5章

＊２０１２年度笹川スポーツ研究助成「地域おけるスポーツ組織活動の類型化と地域運営に関する研究」（研究代表者）

＊２０１１年度～２０１４年度文部科学省科学研究費補助金基盤研究（Ｃ）「人口減少・超高齢社会を見据えたスポーツとコミュニティ形成に関する研究」（研究代表者）課題番号：23500738

＊「地域におけるスポーツ組織活動の類型化と地域運営に関する研究」２０１３年、ＳＳＦスポーツ政策研究２巻１号

第6章

＊２０１１年度笹川スポーツ研究助成「人口減少・超高齢社会を見据えたスポーツコミュニティ形成に関する研究」（研究代表者）

＊「農山村における地域スポーツ組織の社会的意味」２０１３年、体育学研究58巻1号

＊「人口減少・超高齢社会を見据えたスポーツコミュニティ形成に関する研究」２０１２年、ＳＳＦスポー

ツ政策研究1巻1号

第7章

＊２０１２年度～２０１４年度文部科学省科学研究費補助金基盤研究（Ｂ）「スポーツ人材育成と社会移動の社会学」（研究代表者：甲斐健人）課題番号：24300217

終章

＊「地域スポーツ振興政策を問い直す—生活農業論を手がかりに—」２０１１年、熊本大学教育学部紀要人文科学60号

参考文献

阿部智恵子・樫田美雄・岡田光弘（2001）　資源としての障害パースペクティブの可能性―障害者スポーツ（水泳）選手へのインタビュー調査から．年報筑波社会学，13：17-51.

Beck, U., 1986, RiSKogesellschaft : Auf dem Weg in eine andere Moderne., Suhrkamp Verlag.（東廉・伊藤美登里訳，1998，『危険社会―新しい近代への道』，法政大学出版局）

Bourdieu, P., 1980, Questions De Sociologie, Minuit.（田原音和監訳，1991，『社会学の社会学』，藤原書店）

Bourdieu, P., 1979, La Distinction : Critique Social du Jugement, Minuit.（石井洋二郎訳，1990，『ディスタンクシオンⅠ、Ⅱ』，藤原書店）

海老原修（2000）　地域スポーツのこれまでとこれから～コミュニティ型スポーツの限界とアソシエーション型スポーツの可能性～．体育の科学，50(3)：180-184.

江藤訓重（2000）　ツーリズムはまちづくりだ！　ひたかみ２０００年春（３月号）．ＮＰＯ法人まちづくり政策フォーラム．

藤田紀昭（1996）　身体障害者のスポーツ社会化研究の視点．日本福祉大学研究紀要　第一分冊福祉領域，95：99-110.

藤田紀昭（1998）　ある身体障害者のスポーツへの社会化に関する研究．スポーツ社会学研究，6：70-83.

藤田紀昭（1999）　スポーツと福祉社会―障害者スポーツをめぐって．井上俊・亀山佳明編　スポーツ文化を学ぶ人のために，世界思想社：283-298.

藤田紀昭・高橋豪仁・黒須充（1996）　身体障害者のスポーツ社会化に関する研究―第31回全国身体障害者スポーツ大会参加者を対象として―．日本体育学会第47回大会体育社会学専門分科会発表論文集，

日本体育学会体育社会学専門分会：34-39.
Giele, Z. / Elder, H., 1998, Methods of life course research : qualitative and quantitative approaches, Sage Publication.（正岡寛司・藤見純子訳，2003,『ライフコース研究の方法―質的ならびに量的アプローチ（明石ライブラリー57)』，明石書店)
後藤貴浩・森阪信樹（2006） 総合型地域スポーツクラブの育成過程に関する研究；育成のための会議における会話データの分析．体育学研究，51(3)：299-313
橋本和幸（1985） 新しいコミュニティの形成．二宮哲雄ほか編 混住化社会とコミュニティ，御茶の水書房：23-60.
広井良典（2009） コミュニティを問い直す―つながり・都市・日本社会の未来．筑摩書房.
広田照幸・河野誠哉・澁谷知美・堤孝晃（2011） 高度成長期の勤労青少年のスポーツ希求はその後どうなったのか―各種調査の再分析を通して―．スポーツ社会学研究，19(1)：3-18.
石岡丈昇（2012） ローカルボクサーと貧困世界―マニラのボクシングジムに見る身体文化―．世界思想社.
伊藤恵三（2009）「スポーツ政策」論の社会学的再検討―「スポーツ権」・「総合型地域スポーツクラブ」をめぐって―』．秋田大学教育文化学部研究紀要 人文科学・社会科学，64：15-25.
伊藤恵三・松村和則（2009a） コミュニティ・スポーツ論の再構成．体育学研究, 54(1)：77-88.
伊藤恵三・松村和則（2009b） 団地空間における公園管理活動の展開とその変容―垂水区団地スポーツ協会の事例―．体育学研究，54(1)：107-121.
嘉戸脩・永島惇正・川辺光・萩原美代子・加藤爽子（1977） 直接的スポーツ関与の分析とその要因に関する研究．体育社会学研究会編 体育社会学研究６ スポーツ参与の社会学，道和書院：25-56.
甲斐健人（2000） 高校部活の文化社会学的研究．南窓社.

神田嘉延（2000）　http：//www-KYou.edu.kagoshima-u.ac.jp/˜kanda/k9.htm.
金子　勇（1982）　コミュニティの社会理論．アカデミア出版．
川俣俊則（2002）　ライフヒストリー研究の基礎―個人の「語り」にみる現代日本のキリスト教―．創風社．
Kenyon, G. S. /McPherson, B. D., 1972, Becoming involved in physical activiTY and sport：A process of socialization, Rarick, G.L. (ed.), Physical activiTY：Human growth and development, Academic Press, 304-332.
菊　幸一（2000）　地域スポーツクラブ論―「公共性」の脱構築に向けて―．近藤英男編　新世紀スポーツ文化論，タイムス：86-104.
菊　幸一（2005）　我が国のスポーツプロモーション．財団法人　日本体育協会編　公認スポーツ指導者養成テキスト　共通科目Ⅱ，日本体育協会：22.
木下康仁（2003）　グラウンデッド・セオリー・アプローチの実践．弘文堂．
岸野雄三・成田十次郎・大場一義・稲垣正浩編（1973）　近代体育スポーツ年表．大修館書店．
久木元 真（1997）　二つの住民像― 熊本県小国町における政と変遷二つの住民像―．相関社会学，6：72-87.
倉沢　進（1968）　日本の都市社会．福村出版．
厨義弘（1990）　地域スポーツの変遷と新たな視点．厨義弘・大谷義博編　地域スポーツの創造と展開，大修館書店：4-22.
前田和司（2010）　スポーツ社会学における「生活論アプローチ」の課題．第19回日本スポーツ社会学会抄録集：24-25.
松原治郎（1971）　生活体系と生活環境．青井和夫・松原治郎・副田義也編　生活構造の基礎理論，有斐閣．

松村和則（1978）「地域」におけるスポーツ活動分析の一試論：宮城県遠田群涌谷町洞ケ崎地区の事例を素材として．体育社会学研究会編　体育社会学研究7，道和書院：65-98．

松村和則（1993）地域づくりとスポーツの社会学．道和書院．

松村和則（1997）山村の開発と環境保全―レジャー・スポーツ化する中山間地域の課題―．南窓社．

松村和則（2006）メガ・スポーツイベントの社会学．南窓社．

松村和則・前田和司（1989）混住化地域における「生活拡充集団」の生成・展開過程：「洞ケ崎」再訪．体育社会学研究会編　体育・スポーツ社会学研究８，道和書院：119-138．

松村祥子（2003）年代，世代と生活課題．生活共同組合研究，12：pp 5-11．

松尾哲矢（2000）公益法人「スポーツ振興事業団」の課題と可能性―スポーツの公共性とその生成―．体育の科学，50(3)：203-208．

松尾哲矢（2010）「つながり」の方法としてのスポーツクラブとコミュニティ形成．松田恵示・松尾哲矢・安松幹展偏　福祉社会のアミューズメントとスポーツ―身体からのパースペクティヴ，世界思想社：164-186．

見田宗介（2012）成長依存から方向転換を．熊本日日新聞　持続可能な精神の成熟へ：１月13日付朝刊，１月14日付朝刊．

三浦典子（1986）概説日本の社会学　生活構造．三浦典子ほか編著　リーディングス日本の社会学５生活構造，東京大学出版会：3-13．

三好洋二・長屋昭義・鈴木一央（1985）農村地域住民の生活とスポーツに関する基礎的研究：北海道上川郡鷹栖町北成地区の専業農家の事例．北海道大学教育学部紀要，43：15-42．

三好洋二・長屋昭義・鈴木一央（1987）農民の生活とスポーツ―北海道大樹町石坂地区酪農農民の事

例―．体育・スポーツ社会学研究会編　体育・スポーツ社会学研究6，道和書院：171-194．

森川貞夫（1988）　必携・地域スポーツ活動入門．大修館書店．

森川貞夫（2002）　コミュニティ・スポーツ論の再検証．体育学研究，47(4)：395-401．

森岡清志（1992）　都市社会の構造的文化と都市生活の分節性．鈴木広編著　現代都市を解読する，ミネルヴァ書房．

内藤辰美（2002）　社会変動と地域社会形成．木下謙治ほか編　地域社会学の現在，ミネルヴァ書房：197-216．

中川清（2000）　日本都市の生活変動．勁草書房．

中村敏雄・高津勝・関春南・唐木国彦・伊藤高弘著（1978）　スポーツを考えるシリーズ④　スポーツ政策．大修館書店．

中尾暢見（2003）　日本人のライフコースに関する一考察：団塊世代と団塊ジュニア世代の比較分析．日本大学社会学会　社会学論叢，148：21-40．

中島信博（2000）　総合型地域スポーツクラブの展開と地域社会の基盤―岩手県金ケ崎町での聞き取りから―．日本体育学会第50回記念大会特別委員会編　21世紀と体育・スポーツ科学の発展，日本体育学会第50回記念大会誌1，杏林書院：126-130．

大久保孝治（1986）　ライフコース研究におけるデータの分析方法．早稲田大学大学院文学研究科紀要（哲学・史学編），12：69-80．

大野保治（1982）　大分県日田・津江地区の法社会構造（緒論）．大分大学教育学部研究紀要，6(2)：1-14．

PHP研究所（1995）　数字で見る戦後50年にほんのあゆみ．PHP研究所．

齋藤事（1982）　日田郡中津江村の産業．大分大学教育学部研究紀要，6(2)：15-24．

坂本　休（2002）カメルーンがやってきた　中津江村村長奮戦記．宣伝会議．

笹川スポーツ財団（2012）スポーツライフ・データ2012．笹川スポーツ財団．

佐藤健二（2006）モノグラフ法．見田宗介・栗原彬・田中義久編　社会学辞典，弘文堂．

関春南（1997）戦後日本のスポーツ政策—その構造と展開．大修館書店．

清水紀宏（1999）街づくりとスポーツ．文部時報（1495）：22-23．

園部雅久（1984）コミュニティの現実性と可能性．鈴木広・倉沢進編　都市社会学，アカデミア出版会：316-342．

鈴木　広（1986）都市化の研究．恒星社厚生閣．

鈴木　広・船津　衛（1978）コミュニティ意識と社会意識．鈴木広編　コミュニティ・モラールと社会移動の研究．アカデミア出版会：493-531．

鈴木栄太郎（1968）日本農村社会学原理　上下．未来社．

高橋　潔（2010）Jリーガーがピッチを去るということ—リーダーシップとキャリアのための教訓．Jリーグの行動科学，白桃書房：175-199．

高野和良（2009）農村高齢者の社会参加によるアクティヴ・エイジングの実現に関する評価研究．平成17年度平成19年度科学研究費補助金（基盤研究C）研究成果報告書（課題番号：17530427）．

竹田清彦・高橋建夫・岡出美則（1997）体育科教育学の探求—体育授業づくりの基礎理論，大修館書店．

玉野和志（2005）東京のローカル・コミュニティ．東京大学出版会．

谷　富夫（1996）ライフ・ヒストリーとは何か．谷富夫編　ライフヒストリーを学ぶ人のために，世界思想社：3-28．

多々納秀雄（1997）スポーツ社会学の理論と調査．不昧堂出版．

徳野貞雄（2002）現代農山村の内部構造と混住化社会．鈴木広監修　地域社会学の現在，ミネルヴァ書房：231-237.

徳野貞雄（2006）現代農山村における平成の大合併と戦略的な地域政策．熊本大学文学部論叢，88：35-59.

徳野貞雄（2007）農村（ムラ）の幸せ，都会（マチ）の幸せ：家族・食・暮らし．日本放送出版協会．

徳野貞雄（2010）ブラックボックス化する『地域づくり』と『モエ』集団．季刊　中国総研，vol.14-4(53)：15-23.

徳野貞雄（2011）生活農業論―現代日本のヒトと「食と農」．学文社．

富来　隆・河野昭夫（1981）過疎化による「むら」の危機：津江地域の教育をめぐって．大分大学教育学部研究紀要，5(6)：63-80.

上羅　広（1977）農村社会における〝体育〟．塚本哲人編　地域社会の構造と住民の意識，東北大学社会教育研究室：137.

上羅　広（1978）地域スポーツ政策の展開と住民―「スポーツ政策」研究への一視角―．体育社会学研究会編　体育社会学研究7，道和書院：43-64.

内山　節（2010）共同体の基礎理論．農山漁村文化協会．

渡辺治（1994）戦後型社会・政治の成立・確立・再編成．シリーズ日本近現代史4　戦後改革と現代社会形成，岩波書店．

渡　正（2005）「健常者／障害者」カテゴリーを揺るがすスポーツ実践―車椅子バスケットボール選手の語りから―」．スポーツ社会学研究，13：39-52.

山本　努（1998）過疎農山村研究の新しい課題と生活構造分析．山本努・徳野貞雄・加来和典・高野和良共著　現代農山村の社会分析，学文社：2-28.

山本　努・徳野貞雄・加来和典・高野和良（1998）現代農山村の社会分析．学文社．
山中速人・藤井桂子（2002）フィールドワークとしてのライフヒストリー研究の展開と課題―カウアイ島（ハワイ）日系人のライフヒストリー調査プロジェクトを事例として」．JOURNAL OF POLICY STUDIS（総合政策研究），13：67-90．
山中進・上野眞也編（2005）地域公共圏の構想Ⅰ　山間地域の崩壊と存続．九州大学出版会．
矢作　弘（2009）「都市縮小」の時代．角川書店．
吉田　毅・中島千恵子（2007）後天的身体障害者である元Jリーガーの車椅子バスケットボールへの社会化過程―困難克服の道筋に着目して．東北工業大学紀要　Ⅱ　人文社会科学編，27：19-27．

著者紹介

後藤貴浩（Takahiro Goto）

国士舘大学文学部教授。
熊本県熊本市出身、博士（公共政策学）、専門領域は「スポーツ社会学」「地域社会学」。
単著『サッカーピラミッドの底辺から――少年サッカークラブのリアル』道和書院、2021
共著『サッカーのある風景――場と開発、人と移動の社会学』晃洋書房、2019
共著『白いスタジアムと「生活の論理」――スポーツ化する社会への警鐘』東北大学出版会、2020

地域生活からみたスポーツの可能性
――暮らしとスポーツの社会学

2014年9月9日　初版第1刷
2021年6月25日　　　第2刷

著　者＝後藤貴浩
発行者＝片桐文子
発行所＝株式会社 道和書院
東京都小金井市前原町2-12-13（〒184-0013）
電 話 042-316-7866
FAX 042-382-7279
http://www.douwashoin.com/
印　刷＝大盛印刷株式会社

ISBN 978-4-8105-2129-0 C3075

定価はカバー等に表示してあります

Printed in Japan
Douwashoin Co.,Ltd.